監査法人アヴァンティア
公認会計士 大山 誠 著

最初からそう教えて
くれればいいのに！

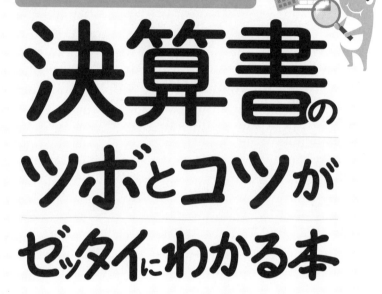

決算書の
ツボとコツが
ゼッタイにわかる本

秀和システム

はじめに

「決算書を読めるようになりたい」こんな声を身の回りでよく聞きます。

決算書に関する本はたくさん市販されていますが、多くの本はわかりやすく整理された財務三表が例示され、ニュースなどによる決算書に関連した会社の各種情報が紹介されているだけです。これでは本をたくさん読んでも、決算書を読めるようになるのはなかなか難しいと思われます。

そこで本書は、実際に公表されている決算短信・有価証券報告書を使って、財務三表の読み方を説明することにしました。

また、有価証券報告書は企業に関する情報の宝庫ですが、情報量が膨大であるため、読み始めるのに二の足を踏んでおられる方が多いと思います。本書では、会社を理解するため、有価証券報告書の中で最低限目を通したほうが良い情報を抜粋して、紹介しています。

決算書を使って行われる財務分析は、どのような考えに基づいて指標が計算されているのかを知らなければ、指標の意味することを理解することはできません。本書では、実際の有価証券報告書を題材にして、各種財務分析指標の考え方と計算方法を説明しています。

本書が実際に決算書を読んでみようと思われている皆様の力となれば、筆者としてこれに勝る喜びはありません。

この本を読んで、早速気になる会社の決算書をダウンロードされることを期待しています。

2023年12月

公認会計士　大山　誠

本書の進め方

　決算書の本は何冊も読んでいるが、実際の決算書を見ると内容が理解できない、という話をよく聞きます。現在市販されている決算書の本の多くは実際の決算書を記載するのではなく、それをわかりやすく整理したものを記載しています。そのため、本を読んでわかったつもりになっても、実際の決算書である会社の決算短信や有価証券報告書を見ると、どうも内容がよくわからないという現象が生じています。

　決算短信、特に有価証券報告書は膨大な情報を含んでいます。そのため、決算書を読み解くうえでどの情報を読めばいいのかが、わかりづらくなっています。

　また、現在の決算書は、税効果会計、退職給付会計、減損会計といった専門家でも適用に当たって数時間の検討を要する複雑な処理を行って、作成されています。そのため、一般の方がその内容に深く立ち入ることは専門の解説書を読まない限り、難しくなっています。

▼決算書が読めるようにならない原因

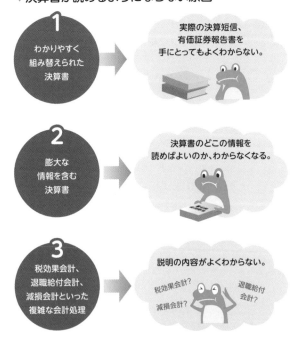

本書の方針

　決算書を読むうえで困難になる点について、本書は以下のような構成で、無駄な労力を費やさずに、理解を深められるようにしています。

● 1. 実際の決算短信、有価証券報告書を用いた解説

　わかりやすく整理された決算書での説明は、決算書の最初の学習としては有効です。一方、実際の決算書を読むには、ハードルが高くなります。そこで本書は、最初から、実際に公表されている決算書をもとに説明を行い、簡略化した決算書を使った説明は最小限にしています。

● 2. 目を通したほうが良い情報の抜粋

　有価証券報告書で目を通したほうが良い情報を抜粋して、説明しています。

　現在の有価証券報告書は膨大な情報を含んでおり、一般の方がすべての内容に目を通して理解するのはほぼ不可能です。

　本書では、第6章で、有価証券報告書のうち、最低限目を通したほうが良い情報を抜粋して説明しています。

● 3. 会計基準に関する最小限の説明

　会計基準等については、決算書を読むのに必要な最小限の説明にとどめています。

　現在の会計基準は税効果会計、退職給付会計、減損会計など、適用に当たり、段階的な判断、複雑な計算に基づく会計処理を行うものが増えています。これらに精通することは、決算書を理解する上では有用ですが、決算書を読むうえで必ずしも必要ではありません。

　本書では、会計基準等の説明は最小限にとどめて、決算書全体の示す情報を理解する点を最優先としています。

▼本書の対応

1
実際の決算短信、有価証券報告書を手にとってもよくわからない

→ 実際に公表されている決算書（決算短信、有価証券報告書）をもとに説明を行う。

2
決算書のどこの情報を読めばよいのか、わからなくなる

→ 「有価証券報告書」のうち、最低限目を通したほうが良い情報を抜粋して説明する。

第6章 決算書で目を通しておいた方が良い情報は？

3
税効果会計、退職給付会計、減損会計といった複雑な会計処理

→ 会計基準等の説明は最小限にとどめて、決算書全体の示す情報の理解を最優先とする。

税効果会計

　本書では、原則として、連結貸借対照表、連結損益計算書、連結キャッシュ・フロー計算書について説明します。連結貸借対照表と貸借対照表、連結損益計算書と損益計算書、連結キャッシュ・フロー計算書とキャッシュ・フロー計算書で、共通する点については、貸借対照表、損益計算書、キャッシュ・フロー計算書と表記して、説明を行います。

最初からそう教えてくれればいいのに！

決算書のツボとコツが ゼッタイにわかる本

Contents

第2章　決算書について知ろう

第4章　貸借対照表ではどんなことがわかるの？

第7章　財務分析を行ってみよう

第8章　もっと決算書を読んでみよう

第1章

株式投資と決算書

1 投資とは？

 投資って言葉をよく聞くけど、どういう意味なのかなあ

 将来もうけるために前もってお金を出すってことかな

投資って、何？

投資とはなんでしょうか。

投資を理解するには、野菜作りを例にして考えると良いと思います。

あなたが、大根を作って売ろうと考えているとします。大根を作るにはまず種を買います。それから、種をまいて、日々水をやらなければなりません。

この話の中で、将来大根を売るために、種を買ったり、日々世話をしたりすることが投資に当たります。つまり、将来利益を得られる見込みがあり、前もってその準備として、お金などを出すことが投資になります。

▼投資のイメージ

準備 種をまいたり、
世話をする。
↓
投資

目標 大根を売る

将来、利益を得るために、前もって
お金を出すのが投資なんだ

投資の種類

　投資とは、将来の利益を見込んで、お金を出すことです。投資は、何にお
金を出すのかによって、**物的投資**と**金融投資**に分けられます。

　物的投資には、将来の利益を見込んで建物や機械設備や運送機器などの
設備を購入する**設備投資**、製品や原材料を購入する**在庫投資**、**住宅投資**な
どがあります。

　金融投資は株式、社債などの有価証券への投資です。

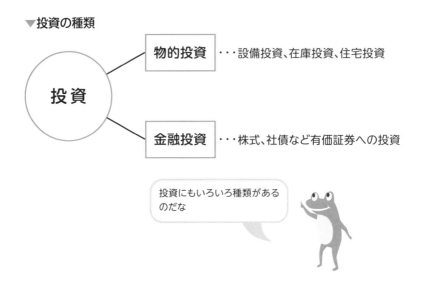

▼投資の種類

投資にもいろいろ種類があるのだな

投資と投機はどう違う？

投資と混同されやすい言葉に**投機**があります。

同じ大根であっても、4月と9月では、ずいぶん値段の違うことがあります。大根は日持ちがしないので、4月に買った大根を9月に売ることはできませんが、違う時点での価格差を利用して、利益を得ることを投機といいます。

投機の例としては、為替取引があげられます。1ドル120円の時点で、将来の円安を見込んで、1千2百万円で、10万ドルを購入した場合を考えます。この場合に、見込みが当たり、1ドル140円となった時点で購入した10万ドルすべてを売却したとすると、1千4百万円となり、

1千4百万円-1千2百万円＝2百万円

の利益を得ることができます。

▼投機の例（その1）

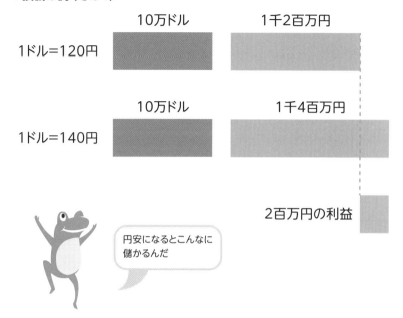

　上記の例では、たまたま見込み通り、1ドル140円の円安になりましたが、見込み通りにいかず、1ドル100円の円高になった場合、10万ドルを売却すると得られる金額は1千万円となり、

　1千万円-1千2百万円＝▲2百万円

の損失になります。

▼投機の例（その２）

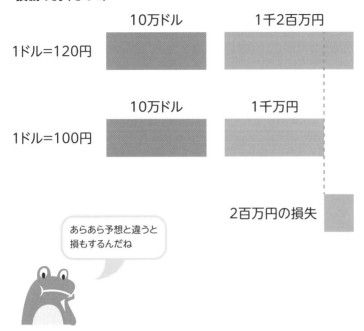

このように投機は、短い期間で大きな利益を得ることができる半面、大きな損失となる場合もあるので、細心の注意を払う必要があります。

投資と投機の違いを整理すると次の表のようになります。

▼投資と投機の違い

	投資	投機
イメージ	育成	一発勝負
要する期間	長期間	短期間
利益の変動	少しずつ増えていく	一気に増えたり減ったりする
リスク	一般に低い	一般に高い

投機は短期間で大きな利益を得ることができるかもしれませんが、大きな損失をこうむることもあるため、あまりお勧めできません。本書では、投資を中心にして、話を進めていきます。

投資を行う上でお勧めはどんな金融商品？

　投資には、設備、在庫、住宅などに投資する物的投資と、株式や社債などに投資する金融投資があります。初心者でも始めやすいのは、どちらのほうでしょうか。

　物的投資は、その業界と投資対象にかなりの知識がないと始めるのは難しいといえます。例えば、不動産投資を考えてみましょう。不動産投資を行うには、物件のある場所の土地柄、物件についての知識、全体の相場など、かなり専門的な知識が必要です。また、これが一番大事なことですが、投資をやめて不動産を処分しようとする場合、その不動産を引き取ってくれる相手先を探さなければなりません。相手先がすぐ見つからない場合、長い間資金が拘束されて、他の投資機会に使えないことになります。

　一方、株式や社債は土日祝日と年末年始を除けば、常に売買が行われています。株式に知識のない方でも少額から取引をすぐに始めることができます。また、売買が常に行われているため、投資をやめて、株式を処分しようとする場合でも、すぐに取引所で売ることができます。そのため資金を短期間で回収し、他の投資機会に振り替えることができます。

▼物的投資と金融投資の比較

	物的投資	金融投資
投資金額	一般的に大きい	小さな金額でも可能
要する知識・経験	個別の対象に深い知識が必要	一般的な知識で始めることができる
投資の取りやめ	通常難しい	容易
リスク	通常高い	通常低い

　物的投資は、個別の投資対象に深い知識があれば、有効な投資方法ですが、そうでない方には、あまりお勧めできません。本書では、金融投資、その中でも特に株式投資を中心にして、話を進めていきます。

② 株式投資はどんな投資

 投資と投機は違うっていうけど、やっぱり危険なことは変わらないんじゃない？

 株式投資の場合、出したお金（投資したお金）がゼロになることは滅多にないんだ

株式投資に危険はないの？

　株式投資は通常、株式を買うことから始まります。売買する株式は、新聞に株価が掲載されている**取引所で取引されている上場株式**になります。

　株式投資も将来の利益を見込んで、株式を購入するので、リスクが全くないわけではありません。株式投資には、一般的に次のリスクがあります。

1. 投資した会社の株価が下がり、損となる

　株式の価格は常に変動しています。将来、株価が上昇することを期待して、株を購入しても、予想に反して、株価が下落することもあります。

2. 投資した会社が倒産し、株式の価値がゼロになる

　会社も業績不振が長く続くと、資金援助が得られなくなり、最終的に倒産することもあります。この場合、株式は無価値となります。

▼株式投資のリスク

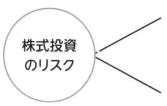

株式投資
のリスク

❶ 投資した会社の株価が下落する。

❷ 投資した会社が倒産する。

株式投資にもリスクがない
わけではないんだね

　投資した会社の株価が下がったとしても、株式を保有していれば、株主として、**配当金**を受け取ることができます。株価が購入時より安いときは、配当を受け取って、株価が戻るのを待つというのも一つの選択肢になります。

　また、株式が公開されている会社が倒産する場合、急に倒産となることはほとんどなく、通常何年か赤字決算が続き、最終的に倒産となります。取引所で取引されている株式には、市場があり、いつでも売買することができますから、会社の状況が悪ければ、株式を売って、**損切り**することも簡単にできます。

　いろいろな面から考えて、株式投資はリスクもリターンも中くらいの投資であるということができます。

インカムゲインとキャピタルゲイン

　大根に投資する場合は、大根を売って、利益を得ました。株式に投資した場合は、どのような形で利益を得ることができるのでしょうか。

　株式に投資した場合、利益を得る方法は2つあります。そのうち一つが通常一年に2回支払われる**配当金**を受け取ることです。

配当金は、通常業績によって決まり、**株主総会**で金額が決定されます。配当によって得られる利益を**インカムゲイン**といいます。

▼剰余金処分の件

株主総会参考書類

議案および参考事項

第1号議案　剰余金の処分の件

　当社の剰余金の処分につきましては、安定配当を維持することを基本とし、今後の事業展開と企業体質の強化に必要な内部留保の充実等を勘案して行ってまいりたいと存じます。

　当期の期末配当につきましては、このような考え方のもと、業績等に鑑み、1株につき20円といたしたいと存じます。これにより、中間配当15円とあわせた年間配当は1株につき35円となります。

1. 期末配当に関する事項
(1) 配当財産の種類
金銭
(2) 株主に対する配当財産の割当てに関する事項およびその総額
当社普通株式1株につき金20円　総額　1,581,456,760円
(3) 剰余金の配当が効力を生じる日
2023年6月30日
2. その他の剰余金の処分に関する事項
(1) 減少する剰余金の項目およびその額
繰越利益剰余金　7,000,000,000円
(2) 増加する剰余金の項目およびその額
別途積立金　7,000,000,000円

（出所:西日本鉄道株式会社 「第183期定時株主総会招集ご通知」より）

配当金って、こんな風に決まるんだ

また、株式は株価が値上がりしたときに、売却して、その差額を利益とすることができます。株価の変動による利益を**キャピタルゲイン**といいます。

▼株価の変動

┃ ABCD

現在値(10:35)：**1,926** 円　前日比：**＋83**(+4.50%)

2023/10/17

(円)

2,000

1

1,500

2023/7　　　2023/8　　　2023/9　　　2023/10

短い間にずいぶん株価って、かわるんだね

配当や株価はどう決まるの？

　株式投資では、配当金を受け取ったり、株価の上がった株を売却することで利益を得ることがわかりました。**配当**や**株価**はどのようにして決まるのでしょうか。

　配当は通常その会社がどれだけ利益を上げたかによって決まります。会社法は、分配可能額を定めており、会社に決まった金額以上の剰余金がないと配当を行うことはできません。

▼会社法の分配可能額

資本剰余金	資本準備金
	その他の資本剰余金
利益剰余金	利益準備金
	その他の利益剰余金

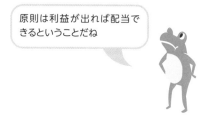

分配
可能額

※自己株式を保有していたり、のれんの1/2と繰延資産の金額が大きいと分配可能額は
　さらに減少します。

原則は利益が出れば配当で
きるということだね

　株価は、様々な要因で変動しますが、一般に業績が良ければ、会社の株価
は上がります。また、株価には将来に対する期待などの要素も反映されるの
で、その会社の将来をどう評価するのかによって、株価が決まるといってよ
いでしょう。

会社の評価を行うにはどんな情報が必要か？

　株式に投資するには、会社の評価を行わなければならないことがわかり
ました。会社の評価は単に好き嫌いで決めるわけにもいきません。会社の評
価を行うにはどんな情報が必要になるのでしょうか。

　最初に、会社がどんな事業を行っているのか知る必要があります。会社の
事業とは、会社が行っている商売の内容ということです。

　また、会社は行っている事業によって、属する業界が異なります。業界は
それぞれの商慣習、また直面している問題等があるので、業界の特質をとら

えることも必要です。

　最後に、株価に影響を与えるのは何といっても会社の業績です。会社の業績は、決算によって明らかになります。

▼会社の評価を行うのに必要な情報

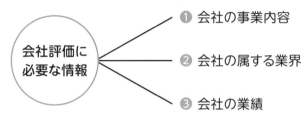

1

業績の前に、会社のことをよく知る必要があるんだね

3 株式投資を行う前に知っておきたいことは？

株式投資のポイントって、どんな点？

会社のことをよく知ることだろうね

この会社の行っている事業は？

　株式投資で最初にすべきことは、株式を買おうとする会社の事業を知ることです。

　例えば、モノを売っている会社とモノを製造している会社では重要になる点が全く異なります。モノを売っている会社であれば、流通網や安定した仕入先などが会社を評価するポイントになります。

　一方、モノを製造している会社であれば、製造している製品の将来性、製造を行う技術力などが評価するポイントになります。

　東証プライム市場では、業種を17に区分しています。

▼東証プライム市場の業種分類

食品	エネルギー資源	建設・資材	素材・化学
医薬品	自動車・輸送機	鉄鋼・非鉄	機械
電機・精密	情報通信・サービスその他	電力・ガス	運輸・物流
商社・卸売	小売	銀行	金融 (除く銀行)
不動産			

株式投資で、会社の情報を集めるには、東洋経済新報社から年に4回発行されている会社四季報に目を通すことがお勧めです。会社四季報は1936年に創刊され、日本国内の全上場企業について、特色や業績、財務内容、大株主、役員、株価動向などを記載しています。最初に、会社の事業について、知識を得るにはぴったりの企業データ集です。

この業界の特長は？

　会社の行っている事業について理解したら、次は業界の特長を知ることが重要です。

　例えば、エネルギー資源業は鉱業と石油・石炭製品に分けられます。鉱業の場合、一般的に資金を投入しても、そこから資源として、投下資金を回収するまでには、長い時間がかかります。

　また、鉱業とひとくくりにしましたが、採掘対象の鉱物も、石油、石炭、コークス、石灰石など様々なものがあり、それぞれの採掘、元売りがどのように行われているのかなど、業界の特長を理解する必要があります。

　多くの出版社が業界地図というタイトルで、企業のつながりや動向、基本情報をまとめています。投資してみたいという会社があれば、属する業界について、読んでおいた方がよいでしょう。会社の属する業界に関する知識を身に付けて、初めて、その会社の置かれている立ち位置を知り、将来性を検討するスタートに立つことができます。

　また、秀和システムが発行している「図解入門業界研究　〇〇業界の動向とカラクリがよ～くわかる本」も、業界について読む最初の1冊として、お勧めできます。

▼「図解入門業界研究　〇〇業界の動向とカラクリがよ～くわかる本」(秀和システム刊)

業界の特長を教えてくれる本がこんなにあるんだね

会社はどこで利益をあげているのか？

　株価は通常、会社の業績によって変動します。業績は、どのくらい利益を上げたか、です。

　会社の行っている事業、会社の属する業界を理解したら、次は会社がどこで利益を上げているのか、考えてみましょう。

　どこで利益を上げるのかは、業種、業態によって異なります。例えば、製造業であれば、原料、材料を仕入れて、製品を製造します。ほとんどの場合、利益は製造によってもたらされるといえます。会社の利益は、販売価格、原

材料の価格、従業員の労務費が主な変動原因になると考えられます。

　一方、小売業は、卸売業者から仕入れた商品を最終消費者に販売します。利益は、小売価格と卸売価格の差によって、もたらされるといえます。会社の利益は小売価格、販売量、卸売価格が主な変動原因になると考えられます。

　このように、会社がどこで利益を上げているのかを考えることは、会社の利益に影響を与える様々な要因を考えることになります。

　会社の利益は常に変動します。景気や消費者の需要、その他さまざまな要因によって、会社の業績は変わります。会社の活動を1年で区切り、その間の業績をわかるようにした書類が、**決算書**です。

　株式投資する場合、この決算書に目を通すことによって、会社の業績を知り、会社を評価することができるのです。

1

4 決算書とは？

株式を買って損した場合はどうなるの

投資はすべて自分の判断で行うもの、損した場合は自分の責任なんだ

投資は自己責任

株式投資を行う場合、株の売買はすべて自分の判断で行えます。その結果、利益はもちろん自分のものですが、どれほどの損失をこうむっても、それは自分の責任になります。

投資の結果はすべて投資者の責任になるため、投資者が正しく判断できるように、情報は信頼できるものでなければなりません。

投資者に予想しなかった損害を与えることがないように、株式市場で提供される情報は適切なタイミングで、信頼できるものが提供されることになっています。

決算書って、信頼しても大丈夫？

前節で説明したように、会社の活動を1年で区切り、その間の業績をわかるようにした書類が、決算書です。株式投資を行う場合は、この決算書を読んで、株の売買について、意思決定します。

粉飾決算という言葉をよく聞きますが、この決算書は信頼して大丈夫な

のでしょうか。

　公開会社の決算書である有価証券報告書に虚偽の記載を行った場合、取締役などの個人は10年以下の懲役または1,000万円以下の罰金、法人には7億円以下の罰金という重い刑事罰が科せられています（金融商品取引法197条1項1号、197条の2第6号、207条）。このため、会社の公表する決算書は通常信頼できる情報として、株式の売買を行うことができます。

情報開示は経営者の責任

　決算以外にも、上場企業には、合併等の重要な決定を行ったり、会社の評価に大きな影響を与える事象が発生する場合があります。上場企業について、会社の評価に影響を与える事象は適切なタイミングにわかりやすい内容で公表することが義務付けられています。

　株式投資を行う場合、決算書を読み解くだけではなく、会社の開示する情報についても、常に留意する必要があります。

【適時開示事項】

　1. 上場会社の情報

　(1) 上場会社の決定事実

　・発行する株式、処分する自己株式、発行する新株予約権等

　・資本金の額の減少

　・株式の分割又は併合

　・合併等の組織再編行為　等

　(2) 上場会社の発生事実

　・災害に起因する損害又は業務遂行の過程で生じた損害

　・上場廃止の原因となる事実

　・訴訟の提起又は判決等　等

　(3) 上場会社の決算情報

　・決算短信

・四半期決算短信

(4)上場会社の業績予想、配当予想の修正等

(5)その他の情報

・投資単位の引下げに関する開示　等

2. 子会社等の情報

(1)子会社等の決定事実

・子会社等の合併等の組織再編行為　等

(2)子会社等の発生事実

・子会社等における災害に起因する損害又は業務遂行の過程で生じた
損害　等

(3)子会社等の業績予想の修正等

　決算書を含めた会社に関する情報を明らかにして公表する責任は経営者
にあります。

第2章
決算書について知ろう

決算書とはどの書類？

株式投資するには、決算書を読んだ方がいいことはわかったけれど、決算書って、どの書類のことなの？

決算書には、計算書類、財務諸表、様式にいろんなものがあるけれど、内容はすべて同じなんだ

決算公告、計算書類、決算短信、どれが決算書？

決算書とは、一定期間の業績、資産や負債・資本といった財政状態などを表す書類のことです。

上場会社の財務情報は、様々な形で公表されます。一般に決算書とよばれる書類には、1) **計算書類**、2) **決算短信**、3) **有価証券報告書**の3つがあります。

それぞれについて、概要を説明します。

●1）計算書類

会社法に基づいて、作成される書類です。計算書類とは、貸借対照表、損益計算書、株主資本等変動計算書及び個別注記表をいいます。

また、有価証券報告書を提出する大会社は、連結計算書類を作成する義務があります。連結計算書類は、連結貸借対照表、連結損益計算書、連結株主資本等変動計算書、連結注記表からなります。

▼計算書類の例

連結財政状態計算書 (2023年3月31日現在)

(単位：百万円)

科 目	金 額
（資産の部）	
流動資産	
現金及び現金同等物	2,059,167
営業債権及びその他の債権	2,389,731
その他の金融資産	194,924
棚卸資産	159,139
その他の流動資産	145,134
流動資産合計	**4,948,095**
非流動資産	
有形固定資産	1,673,705
使用権資産	763,598
のれん	1,994,298
無形資産	2,529,116
契約コスト	334,345
持分法で会計処理されている投資	218,170
投資有価証券	241,294
銀行事業の有価証券	288,783
その他の金融資産	1,528,650
繰延税金資産	59,608
その他の非流動資産	102,519
非流動資産合計	**9,734,086**
資産合計	**14,682,181**

科 目	金 額
（負債及び資本の部）	
流動負債	
有利子負債	2,064,154
営業債務及びその他の債務	2,317,402
契約負債	116,213
銀行事業の預金	1,472,260
その他の金融負債	6,729
未払法人所得税	116,220
引当金	63,642
その他の流動負債	216,018
流動負債合計	**6,372,638**
非流動負債	
有利子負債	4,070,347
その他の金融負債	30,236
引当金	94,084
繰延税金負債	341,170
その他の非流動負債	90,639
非流動負債合計	**4,626,476**
負債合計	**10,999,114**
資本	
親会社の所有者に帰属する持分	
資本金	204,309
資本剰余金	685,066
利益剰余金	1,392,043
自己株式	△74,131
その他の包括利益累計額	17,658
親会社の所有者に帰属する持分合計	2,224,945
非支配持分	1,458,122
資本合計	**3,683,067**
負債及び資本合計	**14,682,181**

(注) 記載金額は百万円未満を四捨五入して表示しています。

（出典：ソフトバンク2023年3月期連結計算書類の一部）

計算書類は、株主に必ず送られてくる書類だね

●2) 決算短信

　決算短信とは、株式を証券取引所に上場している企業が、証券取引所の適時開示ルールに則り、決算期末後45日以内に証券取引所やメディアに発表する企業の決算発表の内容をまとめた書類のことです。

　決算短信は後述する有価証券報告書に準じて作成されます。

▼決算短信の例

2023年3月期　決算短信〔ＩＦＲＳ〕（連結）

2023年5月10日

| 上 場 会 社 名 | トヨタ自動車株式会社 | | | 上場取引所 | 東・名 |

コ ー ド 番 号　7203　　　　　　　　　　　　URL　https://global.toyota/jp/
代 表 者　（役職名）取締役会長　　　　　　　（氏名）豊田章男
問合せ先責任者　（役職名）経理部長　　　　　　（氏名）林 秀明　（TEL）(0565) 28-2121
定時株主総会開催予定日　2023年6月14日　　　　　配当支払開始予定日　2023年5月26日
有価証券報告書提出予定日　2023年6月22日
決算補足説明資料作成の有無　：　有
決算説明会開催の有無　：　有

（百万円未満四捨五入）

1．2023年3月期の連結業績（2022年4月1日～2023年3月31日）

（1）連結経営成績

（％表示は、対前期増減率）

	営業収益		営業利益		税引前利益		当期利益		親会社の所有者に帰属する当期利益		当期包括利益合計額	
	百万円	％	百万円	％	百万円	％	百万円	％	百万円	％	百万円	％
2023年3月期	37,154,298	18.4	2,725,025	△9.0	3,668,733	△8.1	2,492,967	△13.3	2,451,318	△14.0	3,320,681	△17.3
2022年3月期	31,379,507	15.3	2,995,697	36.3	3,990,532	36.1	2,874,614	25.9	2,850,110	26.9	4,017,742	21.9

	基本的1株当たり親会社の所有者に帰属する当期利益	希薄化後1株当たり親会社の所有者に帰属する当期利益	親会社所有者帰属持分当期利益率	資産合計税引前利益率	営業収益営業利益率
	円 銭	円 銭	％	％	％
2023年3月期	179.47	ー	9.0	5.2	7.3
2022年3月期	205.23	205.23	11.5	6.1	9.5

（参考）持分法による投資損益　2023年3月期　643,063百万円　2022年3月期　560,346百万円

（注）2021年9月30日を基準日および2021年10月1日を効力発生日として、普通株式1株につき5株の割合で株式分割を行っています。
　　基本的1株当たり親会社の所有者に帰属する当期利益および希薄化後1株当たり親会社の所有者に帰属する当期利益につきましては、
　　前連結会計年度の期首に当該株式分割が行われたと仮定して算定しています。
（注）2021年4月2日に第1回ＡＡ型種類株式の残存する全部の取得および2021年4月3日に第1回ＡＡ型種類株式の全部の消却を完了してお
　　り、2023年3月期において、潜在株式が存在しないため希薄化後1株当たり親会社の所有者に帰属する当期利益は記載していません。

（2）連結財政状態

	資産合計	資本合計	親会社の所有者に帰属する持分	親会社所有者帰属持分比率	1株当たり親会社所有者帰属持分
	百万円	百万円	百万円	％	円 銭
2023年3月期	74,303,180	29,264,213	28,338,706	38.1	2,089.08
2022年3月期	67,688,771	27,154,820	26,245,969	38.8	1,904.88

（注）2021年9月30日を基準日および2021年10月1日を効力発生日として、普通株式1株につき5株の割合で株式分割を行っています。
　　1株当たり親会社所有者帰属持分につきましては、前連結会計年度の期首に当該株式分割が行われたと仮定して算定しています。

（3）連結キャッシュ・フローの状況

	営業活動によるキャッシュ・フロー	投資活動によるキャッシュ・フロー	財務活動によるキャッシュ・フロー	現金及び現金同等物期末残高
	百万円	百万円	百万円	百万円
2023年3月期	2,955,076	△1,598,890	△56,180	7,516,966
2022年3月期	3,722,615	△577,496	△2,466,516	6,113,655

2．配当の状況

	年間配当金					配当金総額（合計）	配当性向（連結）	親会社所有者帰属持分配当率（連結）
	第1四半期末	第2四半期末	第3四半期末	期末	合計			
	円 銭	円 銭	円 銭	円 銭	円 銭	百万円	％	％
2022年3月期	ー	120.00	ー	28.00	ー	718,211	25.3	2.9
2023年3月期	ー	25.00	ー	35.00	60.00	816,968	33.4	3.0
2024年3月期（予想）	ー	ー	ー	ー	ー			

（注）2021年9月30日を基準日および2021年10月1日を効力発生日として、普通株式1株につき5株の割合で株式分割を行っています。
　　2022年3月期の第2四半期末の配当金の額は、当該株式分割前の実績の配当金の額を記載しています。
　　2022年3月期の年間配当金については、株式分割の実施により単純合算ができないため、表示していません。
　　なお、株式分割を考慮しない場合の年間配当金は260円、株式分割を考慮する場合の年間配当金は52円です。

（出典：トヨタ自動車2023年3月期決算短信の一部）

最初の1ページにずいぶんたくさんの情報が入っているんだね

● 3) 有価証券報告書

　金融商品取引法の規定に基づいて内閣総理大臣に提出される書類です。有価証券報告書は、投資家に対し、投資判断に有用な情報を開示することを目的として作成されます。

　開示される情報は、企業の概況、事業の状況、財務諸表などになります。

　また、有価証券報告書は、金融庁の「EDINET（金融商品取引法に基づく有価証券報告書等の開示書類に関する電子開示システム）」等で開示されます。

　上場会社は、会計年度終了後、原則3か月以内に有価証券報告書を内閣総理大臣に提出することが義務づけられています。

▼ 有価証券報告書の例

1 【連結財務諸表等】
（1）【連結財務諸表】
① 【連結財政状態計算書】

(単位：百万円)

	注記番号	前連結会計年度末 （2022年3月31日）	当連結会計年度末 （2023年3月31日）
資産			
流動資産			
現金及び現金同等物	5	1,205,873	819,499
営業債権及び契約資産	6,23	1,324,618	1,322,593
その他の金融資産	12	210,633	169,665
棚卸資産	7	1,132,664	1,288,751
その他の流動資産	14	157,409	202,377
流動資産合計		4,031,197	3,802,885
非流動資産			
持分法で会計処理されている投資	11	403,201	401,219
その他の金融資産	12	213,024	242,672
有形固定資産	8,27	1,115,346	1,172,376
使用権資産	9,27	257,706	238,833
のれん及び無形資産	10,27	1,680,027	1,796,236
繰延税金資産	13	219,791	249,964
その他の非流動資産	14	103,291	155,342
非流動資産合計		3,992,386	4,256,642
資産合計		8,023,583	8,059,527

（出典：パナソニックホールディングス2023年3月期有価証券報告書の一部）

> 有価証券報告書は100ページを超える分量があるよ

なお、決算書のことを、計算書類では計算書類、決算短信、有価証券報告書では、財務諸表といいます。

　また、上記1）〜3）の他に、会社が新聞等に掲載する決算公告があります。決算公告は、会社法の規定に基づいて、会社が財務情報を開示するものです。最小限の情報しか開示されないため、投資のための決算情報としては、十分なものではありません。

▼決算公告の例

第XX期決算公告

令和X年X月X日　　XXX市7丁目7番1号

〇〇〇〇株式会社

代表取締役社長　□□□□

貸借対照表の要旨（令和X年X月XX日現在）（単位：百万円）

損益計算書の要旨
（自　令和X年X月 X 日
　至　令和X年X月XX日）
（単位：百万円）

科　　目	金　額	科　　目	金　額	科　　　目	金　額
流動資産	XX,XXX	流　動　負　債	XX,XXX	売　　上　　高	XX,XXX
固定資産	XX,XXX	（製品保証引当金）	(X,XXX)	売　上　原　価	XX,XXX
		固　定　負　債	X,XXX	売 上 総 利 益	XXX
		（役員退職慰労引当金）	(XX)	販売費及一般管理費	XXX
		負　債　合　計	XX,XXX	営　業　損　失	X,XXX
		株　主　資　本	XX,XXX	営 業 外 収 益	XXX
		資　　本　　金	XX,XXX	営 業 外 費 用	X,XXX
		資 本 剰 余 金	X,XXX	経　常　損　失	XX,XXX
		資 本 準 備 金	X,XXX	特　別　損　益	XX
		利 益 剰 余 金	△X,XXX	税引前当期純損失	XX,XXX
		その他利益剰余金	△X,XXX	法人税,住民税及び事業税	X
		純　資　産　合　計	XX,XXX	法 人 税 等 調 整 額	XX
資　産　合　計	XX,XXX	負債・純資産合計	XX,XXX	当 期 純 損 失	XX,XXX

決算公告は新聞で見た
おぼえがあるな

それぞれの決算書の特長は？

　前項で、決算書とよばれる書類に、1) 計算書類、2) 決算短信、3) 有価証券報告書の3つがあることを説明しました。それぞれの書類には、どのような違いがあるでしょうか。

　まず、計算書類に含まれる決算書類は、貸借対照表、損益計算書、株主資本等変動計算書及び個別注記表です。キャッシュ・フロー計算書が含まれていません。

　決算短信は、以下のような構成になっています。決算短信のうち、「連結財務諸表及び主な注記」が決算書に該当する部分になります。

▼**決算短信の構成**

構成	項目	記載内容
サマリー情報	サマリー情報	投資者の投資判断に重要な影響を与える上場会社の決算の内容について、その要点の一覧性及び比較可能性を確保する観点から、簡潔に取りまとめたもの
添付資料	経営成績等の概況 会計基準の選択に関する基本的な考え方	主要な決算数値を投資者が適切に理解できるようにする添付資料
	連結財務諸表及び主な注記	

この部分が決算書に当たります

（出典：決算短信・四半期決算短信 作成要領等（2022年4月株式会社東京証券取引所）より筆者作成）

　一方、有価証券報告書は、以下のような構成になっています。有価証券報告書のうち、「第5　経理の状況」が決算書に該当する部分になります。

▼有価証券報告書の構成

	項目	記載内容
第一部　企業情報		
	第1　企業の概況	経営指標、事業の内容、従業員の状況など
	第2　事業の状況	経営方針、経営環境、事業等のリスク、財務状況、キャッシュフロー分析など
	第3　設備の状況	設備投資の概要、状況、新設など
	第4　提出会社の状況	株式等の状況、配当政策、役員の状況など
	第5　経理の状況	連結財務諸表、比較情報、会計方針など
	第6　提出会社の株式事務の概要	株主名簿管理人、株主優待制度など
	第7　提出会社の参考情報	適時開示書類の提出日など
第二部　提出会社の保証会社等の情報		保証対象の社債、保証している会社の情報など

この部分が決算書に当たります

（出典：企業内容の開示に関する内閣府令より筆者作成）

投資にお勧めの決算書はどれ？

　ひとことで決算書といっても、**計算書類**、**決算短信**、**有価証券報告書**の3種類があります。投資の参考情報とするには、どの決算書を中心に読み込むのがいいのでしょうか。

　会社を理解し、長い期間で投資を行う場合、**有価証券報告書**がお勧めです。もともと、有価証券報告書は公正な取引と投資家の保護を目的として作成されるものです。決算書以外の情報も充実しているので、会社を理解し、将来を予想するのに最も適した決算書です。

　ただし有価証券報告書は決算日から3か月以内に公表されるものであるため、決算情報を早く知るのには向いていません。

　決算情報を早く知るには、**決算短信**が向いています。決算短信は通常決

算期末後45日以内に公表されるので、有価証券報告書が公表されるより1か月以上早く決算情報を入手することができます。

　また、有価証券報告書は外部監査人の監査を受け、監査報告書が添付されていますが、決算短信は外部監査人の監査報告書が添付されていないという違いがあります。この点と記載事項の詳しさを除けば、決算短信と有価証券報告書に含まれる連結財務諸表の内容はほとんど同じです。

2

 決算書はどこで入手できる？

 決算短信か有価証券報告書を読むといいことがわかった
けど、決算書って、どうやって手に入れたらいいの？

 決算短信と有価証券報告書は会社のIRサイトからダウン
ロードできるんだ。たくさんの会社の決算短信と有価
証券報告書をダウンロードする場合は、EDINETや適時
開示情報閲覧サービスが便利かな

決算書を入手するにはどうすればいいのか？

　決算書としては、決算短信や有価証券報告書を読めばいいことがわかり
ました。決算書はどのように入手すればいいでしょうか。

　決算書を入手しようとする会社が決まっていれば、会社のIRサイト（投
資家情報サイト）からダウンロードするのが一番手軽な方法です。IRサイト
（投資家情報サイト）とは、株主や投資家に向けて、企業が投資判断に役立
つ情報を発信するサイトのことです。株式を公開している会社は自社の情
報開示に積極的な会社がほとんどです。IRサイトからリンクをたどれば、決
算短信、有価証券報告書のダウンロードページを見つけることができます。

　会社のIRサイトから決算書を入手する方法は、1つの会社の決算書を入
手するには、便利な方法です。一方、決算書をダウンロードできるページは
それぞれの会社によって異なりますので、複数の会社の決算書を入手する
のは少し面倒です。

　多くの会社の決算短信、有価証券報告書を効率よく入手するには、東京証
券取引所が運営するTDnet（適時開示情報閲覧サービス）、金融庁が運営す
るEDINET（金融商品取引法に基づく有価証券報告書等の開示書類に関す

る電子開示システム）を利用するのがお勧めです。

EDINETはどんなサイト？

EDINETはElectronic Disclosure for Investors' NETworkの略称です。金融庁が運営する有価証券報告書等の電子開示システムで、無料で使用することができます。

EDINETを使えば、多くの会社の有価証券報告書を簡単に入手することができます。

▼EDINETを使った有価証券報告書のダウンロード

①EDINETにアクセスする（https://disclosure2.edinet-fsa.go.jp/WEEK0010.aspx）

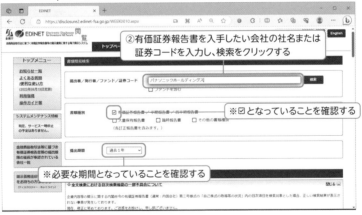

③検索結果が表示される

④有価証券報告書が表示されている。
PDF, XBRL, CSVのいずれか、必要な形式をクリックする

⑤PDFをクリックした場合、PDFが表示される

⑥必要に応じ、保存をクリックし、
PC等に保存する

EDINETを使えば、いろんな会社の
決算書を集めるのに便利だね

適時開示情報閲覧サービスはどんなサービス？

　適時開示情報閲覧サービス (TDnet) は、東京証券取引所が運営するシステムです。「適時開示情報閲覧サービス (TDnet)」を利用して、決算短信を閲覧・ダウンロードすることができます。

　会社が決算を発表するのと同時に、決算短信の閲覧・ダウンロードができますが、開示された日から31日が経過すると決算短信の閲覧・ダウンロードができなくなります。

適時開示情報閲覧サービス (TDnet)
https://www.release.tdnet.info/

2

3 決算書はどこを見ればいい？

決算書って、表が何枚もあるね。どの表を見れば、会社のことがわかるのかな

連結と個別では、連結を見るんだ。まずは、連結損益計算書から見るのが普通かな

決算書は連結を見よう

　子会社等のグループ会社のある会社は原則として連結財務諸表を作成しています。決算書には連結財務諸表と個別財務諸表の2つがあります。連結財務諸表は子会社等を含む企業グループ全体の財務諸表です。これに対して、個別財務諸表は決算書を作成している親会社単独の決算書です。

　会社を評価するには、どちらの決算書を読めばいいのでしょうか？

　会社の評価に当たっては、連結財務諸表を読まなければなりません。なぜなら、親会社が利益を出していても子会社の業績が振るわず、グループ全体では赤字になっている場合もあります。また、親会社は子会社に対して支配力があるので、子会社向けの販売で利益を増やすこともできなくはありません。会社の評価については、まず連結財務諸表を読んでください。

　計算書類を見る場合も同様です。計算書類より、連結計算書類をみることで、会社の実力を知ることができます。

　本書では、原則として、連結貸借対照表、連結損益計算書、連結キャッシュ・フロー計算書について説明します。連結貸借対照表と貸借対照表、連結損益計算書と損益計算書、連結キャッシュ・フロー計算書とキャッシュ・フロー計算書で、共通する点については、貸借対照表、損益計算書、キャッシュ・フロー計算書と表記して、説明を行います。

財務三表とはどの表のこと？

決算短信、有価証券報告書では、決算書を財務諸表といいます。

財務諸表は、①損益計算書 (P/L)、②貸借対照表 (B/S)、③キャッシュ・フロー計算書 (CF 計算書)、④株主資本等変動計算書、⑤附属明細表などから成り立っています。中でも重要なのが、貸借対照表、損益計算書、キャッシュ・フロー計算書の3つです。この3つの表を合わせて「財務三表」といいます。

「決算書を読める」とは、まずこの財務三表を読み、その内容がわかるということです。

▼財務三表

財務三表	❶ 損益計算書
	❷ 貸借対照表
	❸ キャッシュ・フロー計算書

> まずは財務三表を読めるようになるのが、決算書を読む第一歩なんだな

決算書を読める ＝ 財務三表を読んで、その内容が分かる

最初に見るのはどの資料？

「決算書を読める」と言えるには、まずこの財務三表を読み、その内容がわかることが必要であることがわかりました。財務三表を読むには、①損益計算書、②貸借対照表、③キャッシュ・フロー計算書のうちどれから読めばいいのでしょうか？

財務三表のうち、一番初めに目を通さなければならないのは、損益計算書です。なぜなら、損益計算書を見れば、その決算期における利益がわかるからです。

本書では、第3章で損益計算書の読み方について、詳しく説明します。

▼損益計算書

②【連結損益計算書及び連結包括利益計算書】
【連結損益計算書】
株式会社小松製作所及び連結子会社

区分	注記番号	2021年度 (自 2021年4月1日 至 2022年3月31日) 金額（百万円）	百分比 (%)	2022年度 (自 2022年4月1日 至 2023年3月31日) 金額（百万円）	百分比 (%)
売上高	※7, 14, 15, 17, 20	2,802,323	100.0	3,543,475	100.0
売上原価	※8, 10, 12, 14, 17, 20, 25	2,022,747	72.2	2,504,449	70.7
販売費及び一般管理費	※3, 8, 10, 12, 13, 17, 25	464,040	16.6	545,512	15.4
長期性資産等の減損	※23, 25	1,372	0.0	5,521	0.2
その他の営業収益	※14, 25	2,851	0.1	2,692	0.1
営業利益		317,015	11.3	490,685	13.8
その他の収益（△費用）	※25				
受取利息及び配当金	※7	5,332	0.2	12,451	0.4
支払利息		△12,222	△0.4	△32,371	△0.9
その他（純額）	※6, 12, 14, 20	14,443	0.5	5,669	0.2
合計		7,553	0.3	△14,251	△0.4
税引前当期純利益		324,568	11.6	476,434	13.4
法人税等	※14, 16				
当期分		100,233		139,828	
繰延分		△7,655		△4,281	
合計		92,578	3.3	135,547	3.8
持分法投資損益調整前当期純利益		231,990	8.3	340,887	9.6
持分法投資損益		5,258	0.2	5,290	0.1
当期純利益		237,248	8.5	346,177	9.8
控除：非支配持分に帰属する当期純利益		12,321	0.4	19,779	0.6
当社株主に帰属する当期純利益		224,927	8.0	326,398	9.2
1株当たり当社株主に帰属する当期純利益	※18				
基本的			237.97円		345.22円
希薄化後			237.92円		345.18円

※ 「連結財務諸表に関する注記」を参照

（出典：小松製作所2023年3月期有価証券報告書）

一番初めは損益計算書に目を通すんだね

損益計算書の次に目を通すのは、貸借対照表です。貸借対照表は財政状態を表す決算書類です。貸借対照表を見れば、会社の資本構成、短期的支払能力などを知ることができます。

　本書では、第4章で貸借対照表の読み方について、説明します。

▼貸借対照表

1 【連結財務諸表等】
　（1）【連結財務諸表】
　　①【連結貸借対照表】
　　　株式会社小松製作所及び連結子会社

区分	注記番号	2021年度 （2022年3月31日）		2022年度 （2023年3月31日）	
		金額（百万円）	構成比 （%）	金額（百万円）	構成比 （%）
（資産の部）					
流動資産					
現金及び現金同等物	※21	315,360		289,975	
定期預金	※21	1,310		—	
受取手形及び売掛金	※4，7，15，17，24	954,580		1,111,913	
棚卸資産	※5	988,011		1,227,208	
その他の流動資産	※7，9，20，21，22，24	162,020		207,479	
流動資産合計		2,421,281	55.7	2,836,575	58.2
長期売上債権	※4，15，17，21，24	501,868	11.5	569,691	11.7
投資					
関連会社に対する投資及び貸付金	※7	45,913		52,325	
投資有価証券	※6	8,377		10,556	
その他		3,493		3,418	
投資合計		57,783	1.3	66,299	1.4
有形固定資産 －減価償却累計額控除後	※8，17	819,749	18.9	836,442	17.1
オペレーティングリース使用権資産	※17	61,516	1.4	61,052	1.3
営業権	※3，10	187,615	4.3	207,060	4.2
その他の無形固定資産	※3，10	169,003	3.9	167,292	3.4
繰延税金及びその他の資産	※12，16，20，21，22，24	128,707	3.0	131,436	2.7
資産合計		4,347,522	100.0	4,875,847	100.0

※「連結財務諸表に関する注記」を参照

2

区分	注記番号	2021年度 (2022年3月31日) 金額（百万円）	構成比 (%)	2022年度 (2023年3月31日) 金額（百万円）	構成比 (%)
（負債の部）					
流動負債					
短期債務	※11，21	241,746		310,738	
長期債務 　－1年以内期限到来分	※11，21	276,623		176,835	
支払手形及び買掛金	※7	338,974		362,360	
未払法人税等	※16	68,337		64,495	
短期オペレーティングリース負債	※17	16,981		17,878	
その他の流動負債	※12，15，19，20，21，22，24	381,360		439,355	
流動負債合計		1,324,021	30.5	1,371,661	28.1
固定負債					
長期債務	※11，21	429,011		566,189	
退職給付債務	※12	93,407		90,348	
長期オペレーティングリース負債	※17	43,458		44,913	
繰延税金及びその他の負債	※15，16，19，20，21，22	101,348		124,781	
固定負債合計		667,224	15.3	826,231	17.0
負債合計		1,991,245	45.8	2,197,892	45.1
契約残高及び偶発債務	※19				
（純資産の部）	※13				
資本金 －普通株式 　授権株式数 　　2021年度：3,955,000,000株 　　2022年度：3,955,000,000株 　発行済株式数 　　2021年度：973,145,800株 　　2022年度：973,450,930株 　自己株式控除後発行済株式数 　　2021年度：945,312,564株 　　2022年度：945,594,299株		69,393		69,660	
資本剰余金		139,572		135,886	
利益剰余金					
利益準備金		47,903		48,508	
その他の剰余金		1,902,501		2,114,789	
その他の包括利益（△損失）累計額	※12，14，20	122,414		219,951	
自己株式 －取得価額 　2021年度：27,833,236株 　2022年度：27,856,631株	※13	△49,272		△49,153	
株主資本合計		2,232,511	51.4	2,539,641	52.1
非支配持分		123,766	2.8	138,314	2.8
純資産合計		2,356,277	54.2	2,677,955	54.9
負債及び純資産合計		4,347,522	100.0	4,875,847	100.0

※「連結財務諸表に関する注記」を参照

（出典：小松製作所2023年3月期有価証券報告書）

貸借対照表を見ると、会社の持っている資産、負債の金額がわかるね

損益計算書の利益は、会社の業績を示すため、様々な調整を行ったものです。そのため、利益の金額に相当するキャッシュを会社が保有しているのかについては、わかりません。キャッシュ・フロー計算書は会社のキャッシュがどのような原因で増減したのかがわかる資料です。

　本書では、第5章でキャッシュ・フロー計算書の読み方を説明します。

▼財務三表のそれぞれの役割

損益計算書	経営成績を明らかにする
貸借対照表	財政状況を明らかにする
キャッシュ・フロー決算書	キャッシュ・フロー（キャッシュの流れ）を明らかにする

2

▼キャッシュ・フロー計算書

④【連結キャッシュ・フロー計算書】

株式会社小松製作所及び連結子会社

区分	注記番号	2021年度 （自 2021年4月1日 至 2022年3月31日） 金額（百万円）		2022年度 （自 2022年4月1日 至 2023年3月31日） 金額（百万円）	
営業活動によるキャッシュ・フロー					
当期純利益			237,248		346,177
当期純利益から営業活動による現金及び現金同等物の増加（純額）への調整					
減価償却費等		136,346		149,688	
法人税等繰延分		△7,655		△4,281	
投資有価証券評価損益及び減損		△737		△212	
固定資産売却損益		△3,389		△1,782	
固定資産廃却損		3,087		3,651	
長期性資産等の減損		1,372		5,521	
未払退職金及び退職給付債務の減少		△5,230		△827	
資産及び負債の増減					
受取手形及び売掛金の増加		△85,436		△125,709	
棚卸資産の増加		△116,558		△214,520	
支払手形及び買掛金の増加		65,030		14,592	
未払法人税等の増減		40,796		△4,011	
その他（純額）		36,096	63,722	38,187	△139,703
営業活動による現金及び現金同等物の増加（純額）			300,970		206,474
投資活動によるキャッシュ・フロー					
固定資産の購入			△162,956		△183,533
固定資産の売却			21,927		19,170
投資有価証券等の購入			△686		△1,941
子会社株式及び事業の売却（現金流出額との純額）			55		15,184
子会社及び持分法適用会社株式等の取得（現金取得額との純額）			△815		△18,000
その他（純額）			△1,094		△398
投資活動による現金及び現金同等物の減少（純額）			△143,569		△169,518
財務活動によるキャッシュ・フロー					
満期日が3カ月超の借入債務による調達			443,468		603,003
満期日が3カ月超の借入債務の返済			△482,208		△637,924
満期日が3カ月以内の借入債務の増加（純額）			13,520		92,516
配当金支払			△72,815		△113,505
子会社の株式発行による収入			30,440		2,012
非支配持分の取得			△20,072		△4,728
その他（純額）			△6,201		△7,987
財務活動による現金及び現金同等物の減少（純額）			△93,868		△66,613
為替変動による現金及び現金同等物への影響額			10,024		4,272
現金及び現金同等物純増加（減少）額			73,557		△25,385
現金及び現金同等物期首残高			241,803		315,360
現金及び現金同等物期末残高			315,360		289,975

※「連結財務諸表に関する注記」を参照

（注）2021年度の連結キャッシュ・フロー計算書を2022年度の表示にあわせて組替再表示しています。

（出典：小松製作所2023年3月期有価証券報告書の一部）

キャッシュ・フロー計算書で、お金の動きという事実がわかるんだ

書いてあるのは、どんな内容？　注記って何？

　決算書には、表以外に記載されている事項があります。これらの記載事項にはどんな意味があるのでしょうか？

　これらの記載事項を財務諸表の注記といいます。注記は財務諸表を理解しやすくするための補足情報です。注記を読むことで、財務諸表の理解がさらに深まります。

　注記には内容の理解が難しいものもありますので、まずは興味を持たれたところから目を通すのが現実的だと思います。

　注記で補足されている情報も含めて理解できれば、決算書を十分読み込めているということができます。

　連結財務諸表の注記事項は以下の通りです。該当する事項のない場合、注記が省略されるものもあります。

(1) 継続企業の前提に関する注記

(2) 連結財務諸表作成のための基本となる重要な事項

(3) 連結の範囲又は持分法適用の範囲の変更に関する注記

(4) 会計基準等の改正等に伴う会計方針の変更に関する注記

(5) 会計基準等の改正等以外の正当な理由による会計方針の変更に関する注記

(6) 未適用の会計基準等に関する注記

(7) 表示方法の変更に関する注記

(8) 会計上の見積りの変更に関する注記

(9) 会計方針の変更を会計上の見積りの変更と区別することが困難な場合の注記

(10) 修正再表示に関する注記

(11) 追加情報の注記

(12) 連結貸借対照表に関する注記

(13) 連結損益計算書に関する注記

(14) 連結包括利益計算書に関する注記

(15) 連結株主資本等変動計算書に関する注記

(16) 連結キャッシュ・フロー計算書に関する注記

(17) リース取引に関する注記

(18) 金融商品に関する注記

(19) 有価証券に関する注記

(20) デリバティブ取引に関する注記

(21) 退職給付に関する注記

(22) ストック・オプション等に関する注記

(23) 税効果会計に関する注記

(24) 企業結合等に関する注記

(25) 資産除去債務に関する注記

(26) 賃貸等不動産に関する注記

(27) 公共施設等運営事業に関する注記

(28) 収益認識に関する注記

(29) セグメント情報等の注記

(30) 関連当事者との取引に関する注記

(31) 親会社又は重要な関連会社に関する注記

(32) 1株当たり情報

(33) 重要な後発事象の注記

▼財務諸表の注記（一部）

連結財務諸表に関する注記

1. 経営活動の概況、連結財務諸表の作成基準及び重要な会計方針

経営活動の概況

　当社グループ（当社及び連結子会社）は、世界全域で各種建設機械・車両を主に製造、販売するほか、顧客や販売代理店に対して販売金融を行うリテールファイナンス事業、産業機械等の製造、販売及びその他の事業活動を行っています。

2022年度における連結売上高の事業別の構成比は次のとおりです。

建設機械・車両事業－92.8％、リテールファイナンス事業－1.9％、産業機械他事業　5.3％

製品は主としてコマツブランドで、各国の販売子会社及び販売代理店を通じて販売しています。これら子会社と販売代理店はマーケティングと物流を担当し、主にその担当地域の再販店を通して販売しています。2022年度の連結売上高の88.4％は日本以外の市場向けで、米州が42.0％、欧州・CISが12.9％、中国が2.8％、アジア（日本及び中国を除く）・オセアニアが23.3％、中近東・アフリカが7.4％となっています。

当社グループの生産活動は、主に日本、米国、ブラジル、英国、ドイツ、イタリア、スウェーデン、中国、インドネシア、タイ、インドの工場で行っています。

連結財務諸表の作成基準

① 当社の連結財務諸表は、米国において一般に公正妥当と認められる企業会計の基準（以下、「米国会計基準」）に準拠して作成しています。

② 当連結財務諸表上では、連結会社の会計帳簿には記帳されていないいくつかの修正が加えられています。それらは主として注記27「連結財務諸表の用語、様式及び作成方法について　②会計処理基準について」で述べられている日米会計基準の相違によるものです。

連結財務諸表の作成状況及び米国証券取引委員会における登録状況

当社は、1964年の欧州における外貨建転換社債の発行を契機として、1963年より米国会計基準での連結財務諸表を作成しています。

当社は、1967年に米国で発行の転換社債を米国証券取引委員会（以下、「SEC」）に登録しました。また、1970年の新株式発行に伴い米国株主に対する割当てのための普通株式をSECに登録しました。以来、外国発行会社として、米国1934年証券取引所法に基づいて、米国会計基準に基づいて作成された連結財務諸表を含む年次報告書をSECに届け出、登録していましたが、2014年6月30日にSECへの登録を廃止しました。

重要な会計方針

① 連結及び投資

当連結財務諸表は、当社及び当社が持分の過半数を所有する国内外のすべての子会社の財務諸表を含んでいます。米国財務会計基準審議会会計基準編纂書（以下、「会計基準編纂書」）810「連結」に従い、当社が便益の主たる受益者である変動持分事業体を連結しています。当社が連結している変動持分事業体は主に欧州地域において建設機械のリースを行っています。2022年3月31日及び2023年3月31日現在、連結貸借対照表に含まれる変動持分事業体の資産はそれぞれ6,666百万円及び4,988百万円です。これらの資産の大部分は現金及び現金同等物、受取手形及び売掛金、長期売上債権に計上されています。

当社グループは、支配力を有しないが、その営業及び財務の方針に関して重要な影響を与えることのできる関連会社に対する投資は、持分法によって評価しています。

② 在外子会社の財務諸表項目の換算

在外子会社の財務諸表項目の換算は、資産及び負債は期末時の為替レートで、収益及び費用は各年度の平均為替レートで換算しています。その結果生じた外貨換算差額は、純資産の部にその他の包括利益（△損失）累計額として表示しています。すべての為替差損益は、発生した期間のその他の収益（△費用）に含まれます。

③ 貸倒引当金

当社グループは、一般債権については過去の貸倒実績率に基づき貸倒引当金を計上しています。一方、破産申請や業績悪化等により顧客の支払能力に疑義が生じた場合を含む回収懸念債権等特定の債権については、顧客ごとの信用状況及び期日未回収債権の状況調査に基づき貸倒見積額を算定し、当該貸倒見積額から担保による回収可能見込額を控除した金額に対して個別貸倒引当金を計上しています。また、貸倒見積額は顧客の状況に応じて修正しています。

（出典：小松製作所2023年3月期有価証券報告書の一部）

財務三表を補足する情報が随分あるんだね

4 国際財務報告基準（IFRS）とは？

最近、決算書を見ると、IFRS（イファース、アイファース）という言葉をよく見るね。どんな意味なんだろう？

国際財務報告基準のことだね。決算書を作るのに、採用できる会計基準がいくつかあるんだ

国際財務報告基準（IFRS）とは？

　決算書を見ると、「当社は、国際財務報告基準（以下「IFRS」）に基づいて連結財務諸表を作成しています。」という記載を目にすることがあります。

　国際財務報告基準（IFRS）は、国際会計基準審議会（IASB）が国際的に通用する企業会計の基準として策定したものです。欧州連合（EU）が、IFRSの採用をEU内の上場企業に義務づけてからIFRSを取り入れる国が増加し、130以上の国と地域で適用されています。国際財務報告基準（IFRS）は、現在グローバルスタンダードになりつつある会計基準です。

　IFRSは国際会計基準と訳される場合もありますが、本書の解説では国際財務報告基準で統一します。

日本では4つの会計基準から1つを選択できる

　現在、米国や日本では、国際財務報告基準（IFRS）の採用は義務付けられていません。そのため、日本の上場企業は財務諸表を作成するにあたって、**日本基準、米国会計基準（FASB）、国際財務報告基準（IFRS）、修正国際**

基準 (JMIS) の4つの会計基準から1つを選択することができます。

　一般の方が決算書を読むにあたっては、選択できる会計基準が複数あることを理解し、読むうえで大きく異なる点を知っていれば、十分であると考えます。

　さしあたって、決算書を読むうえで最低限知っておくべきことは以下の3点です。

● 1. のれんの償却、非償却

　のれんとは、企業を買収・合併する際に発生する、「買収された会社の時価評価純資産」と「買収に支払った価額」の差のことです。のれんは、買収された会社のブランド的価値などと説明されます。

　日本基準では、のれんを計上してから20年以内の効果の及ぶ期間にわたり、定額法で規則的に償却する必要があります。

　一方、国際財務報告基準 (IFRS)、米国会計基準 (FASB) では、のれんの規則的な償却を行いません。のれんは、のれんの価値が毀損しているかどうかを確かめる年1回の減損テストによって評価されます。規則的な償却が行われないため、IFRS等を採用した場合、日本基準を採用した場合と比べてのれん償却費の分だけ利益が増加する可能性があります。

● 2. 特別損益の区分がない

　国際財務報告基準 (IFRS) では、「営業に関する損益」と「営業以外に関する損益」の区分が存在するだけで、「特別損益」の項目を設けていません。そのため、「営業利益」の次には、「税引前当期利益」が計算されます（特別損益の区分がないのは、「米国会計基準 (FASB)」も同じです）。

　また、国際財務報告基準 (IFRS)、米国会計基準 (FASB) では、期末までに廃止または廃止を決定した事業や、売却または売却予定に分類された事業は「非継続事業」として、区分掲記されます。

2

●3. 「財務諸表」それぞれの名称

　日本基準の損益計算書は、「純損益及びその他の包括利益計算書」、貸借対照表は「財政状態計算書」とすることが推奨されています。

　本書では、読みやすさを優先し、会社が決算書に「財政状態計算書」などの名称を使用していても、説明は「損益計算書」「貸借対照表」という呼び方に統一しています。

第3章
損益計算書では
どんなことがわかるの？

決算はなぜ1年に1回？

決算って、どうして1年に1回なの？ 半年に1回や3年に1回があってもいいんじゃないかな

学校だって、期間を区切って1学期、2学期というだろう。会社の場合は1年を単位にして、業績を見るんだ

取引は継続反復、年ごとにすることで期間比較ができる

　企業活動はずっと続くことが想定されています。企業活動がずっと続くとすると、期間を区切らなければ、業績を示すことができません。決算を行うために区切られた期間を**事業年度**または**会計期間**といいます。

　事業年度は1年以内の任意の期間で自由に決めることができますが、ほとんどの企業が1年間としています。事業年度が4月1日から翌年3月31日までの場合、事業年度の最終月である3月が決算期になります。

　また、決算書は決算期ごとに作られるので、決算期を明示した「**2023年3月期**有価証券報告書」といった表記を行い、事業年度ごとの決算書を区別します。

▼ 事業年度

● 事業年度を設けない場合

企業活動はいつまで続くかわからないため、業績が評価できない。

● 事業年度

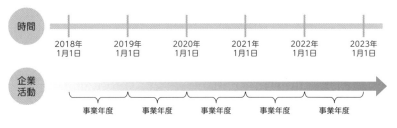

一定期間で区切ることにより業績を評価することができる。

確かに期間を区切らないと、
業績はわからないもんな

期間を区切るためにいろいろな調整が必要

　会社の業績を評価するには、期間を人為的に区切って評価する必要があることがわかりました。ところが、企業活動は会計期間に関係なく継続するため、決算数値が業績を示すようにするため、いくつかの調整を行う必要が出てきます。

たとえば、建物は長期にわたって使用しますが、その費用を建物の除却時に計上すると建物を使用している期間には費用がなく、除却時に多額の費用が計上されることになります。これは企業の業績を評価するには明らかに不合理であるため、建物の使用時にも費用を計上する方法を考えなければなりません。建物の取得に要した金額を、建物を使用している事業年度に分けることを**減価償却**といいます。

　また、従業員の退職時に支払われる退職金等を退職時に一括で費用とすると、退職があった事業年度に多額の費用が計上されることになります。退職時に支給する退職金等は勤務する期間に合わせて増加するので、退職時に一括で費用とするのは、企業の業績を評価するには不合理です。退職時に支払う退職金等を従業員の勤務期間に分けるために、勤務するそれぞれの事業年度で引当金を計上します。

　このように、事業年度は企業活動とは関係なく一定の期間で区切ったものなので、利益が企業の業績を示すように様々な調整を行う必要があります。

【業績を示すための調整】

・減価償却

・引当金の計上

・繰延資産

・退職給付会計の適用

・外貨建取引等の換算

・ヘッジ会計

・税効果会計の適用

・資産除去債務の計上

・未収収益・前払費用・前受収益・未払費用の計上

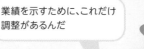

業績を示すために、これだけ調整があるんだ

利益がたくさんあるけれど、どれが本当の利益なの？

損益計算書を見ると、「利益」のついた項目がたくさんあるのに気がつきます。1) 売上総利益、2) 営業利益、3) 経常利益、4) 税引前当期純利益（連結損益計算書では税金等調整前当期純利益）、5) 当期純利益と利益のつく項目が5項目あります。

▼ **損益計算書**

損益計算書

売上高	×××
売上原価	×××
売上総利益	×××
販売費及び一般管理費	×××
営業利益	×××
営業外収益	×××
営業外費用	×××
経常利益	×××
特別利益	×××
特別損失	×××
税引前当期純利益	×××
税金費用	×××
当期純利益	×××

※「税引前当期利益」は連結損益計算書では「税金等調整前当期利益」
という名称で表示されます。

次の連結損益計算書は、森永乳業2023年3月期有価証券報告書のものです。

▼ 連結損益計算書

② 【連結損益計算書及び連結包括利益計算書】
【連結損益計算書】

(単位：百万円)

	前連結会計年度 (自 2021年4月1日 至 2022年3月31日)	当連結会計年度 (自 2022年4月1日 至 2023年3月31日)
売上高	※1 503,354	※1 525,603
売上原価	※2 381,077	※2 407,308
売上総利益 　1)売上総利益	122,277	118,295
販売費及び一般管理費	※3,※4 92,484	※3,※4 94,355
営業利益 　2)営業利益	29,792	23,939
営業外収益		
受取利息	45	43
受取配当金	820	724
受取家賃	281	272
為替差益	445	613
その他	948	835
営業外収益合計	2,542	2,488
営業外費用		
支払利息	747	710
持分法による投資損失	19	53
その他	441	445
営業外費用合計	1,207	1,210
経常利益 　3)経常利益	31,127	25,218
特別利益		
固定資産売却益	※5 21,214	※5 814
投資有価証券売却益	9	53
段階取得に係る差益	—	2,653
その他	240	—
特別利益合計	21,464	3,521
特別損失		
固定資産処分損	※6 656	※6 592
公益財団法人ひかり協会負担金	※7 1,500	※7 1,691
減損損失	—	※8 1,226
工場再編費用 4)税金等調整前	※9 1,936	※9 494
その他 　　当期純利益	202	1,016
特別損失合計	4,296	5,020
税金等調整前当期純利益	48,296	23,719
法人税、住民税及び事業税	14,279	5,447
法人税等調整額	90	1,252
法人税等合計	14,369	6,699
当期純利益 　5)当期純利益	33,926	17,019
非支配株主に帰属する当期純利益	143	144
親会社株主に帰属する当期純利益	33,782	16,875

（出典：森永乳業2023年3月期有価証券報告書）

区分を作って、いろいろな
利益を計算しているんだ

この5つの利益がそれぞれどんな内容を示しているのかを理解すること

が損益計算書を読むポイントになります。

　次節以降では、それぞれの利益がどんな内容を示すのかについて、説明していきます。

損益計算書を理解するポイント＝段階的な利益の内容を理解する

3

売上総利益はどんな利益？

最初に出てくる売上総利益って、どんな利益なの？

モノを売る場合、売った金額から、売ったものの元値を
差し引いた金額のことなんだ

売上原価は何を示すの？

　損益計算書で最初に出てくる利益が**売上総利益**です。売上総利益はどん
な利益を示しているのでしょうか。

　売上総利益は売上高から売上原価を差し引き、以下の形で示されます。こ
こでも、森永乳業2023年3月期有価証券報告書の連結損益計算書を見てみ
ましょう。

▼売上総利益

② 【連結損益計算書及び連結包括利益計算書】
【連結損益計算書】

(単位：百万円)

	前連結会計年度 (自 2021年4月1日 至 2022年3月31日)	当連結会計年度 (自 2022年4月1日 至 2023年3月31日)
売上高	※1　503,354	※1　525,603
売上原価	※2　381,077	※2　407,308
売上総利益	122,277	118,295

(出典：森永乳業2023年3月期有価証券報告書)

売上高から売上原価を引く
だけだから、簡単、簡単

売上総利益が何を示す利益か、以下の例で考えてみましょう。

> (例)
> Ａ商品を1個30円で1,000個仕入れ、1個50円ですべて売り上げた。

上記の例で、売上高、売上原価、売上総利益は次のようになります。

売上高	50円×1,000個＝50,000円
売上原価	30円×1,000個＝30,000円
売上総利益	売上高−売上原価＝50,000円−30,000円
	＝20,000円

これを損益計算書の形で表すと以下のようになります。

▼**売上総利益**

（単位：円）

売上高	50,000
売上原価	30,000
売上総利益	20,000

売り上げたモノの仕入れた値段が売上原価だね

　上記でわかるように売上原価は販売した商品の仕入金額、製品であれば製造原価の合計です。

売上総利益率（粗利益率）は何を表すか

　売上総利益を売上高で割った割合を**売上総利益率（粗利益率）**といいます。売上総利益率（粗利益率）は何を表す割合になるでしょうか。
　先ほどの例で売上総利益率（粗利益率）は40％になります。

▼売上総利益率 (粗利益率) の計算

(単位：円)

売上高	50,000
売上原価	<u>30,000</u>
売上総利益	<u>20,000</u>

100円売ったら、40円もうけが出るんだね

> 売上総利益率 (粗利益率) (%) 　＝売上総利益÷売上高×100
> 　　　　　　　　　　　　　　　＝20,000円÷50,000円×100＝40%

　売上総利益率 (粗利益率) は商品または製品を売ることで、どれだけの利益が得られるかを示す指標です。たとえば、上記の会社が同じ商品を100万円売り上げた場合、

　100万円×40%＝40万円　より

　40万円の売上総利益を得られることがわかります。

　売上総利益率 (粗利益率) は商業や製造業を営む会社を評価する重要な指標になります。

3 販売費・一般管理費とはどんな費用？

売った金額から、売ったモノの元値を引けば、利益が出るんだ。会計なんて、簡単だな

モノを売るには、宣伝もしなければならないし、働いている人の給料も払わなければならないだろう。これを差し引いて本業の利益が出るんだ

販売に必要な費用

商品や製品を販売する場合、商品を宣伝したり、販売のために働いている従業員等に給料も払わなければなりません。このように販売に必要な費用を**販売費**といいます。

一方、人を集めて作業する場合、給料を計算したり、管理を行うのにも、支出が必要です。管理に行う費用を**管理費**といいます。

販売費と管理費は明確に区分できないものもありますので、販売費および一般管理費として、まとめて計上することがほとんどです。

先ほど計算した売上総利益から、販売費および一般管理費を差し引いた金額を営業利益といいます。ここでも、森永乳業2023年3月期有価証券報告書の連結損益計算書を見てみましょう。営業利益については、本節末の「営業利益は何を表すの？」で改めて説明します。

▼営業利益

② 【連結損益計算書及び連結包括利益計算書】
【連結損益計算書】

（単位：百万円）

	前連結会計年度 （自 2021年4月1日 至 2022年3月31日）		当連結会計年度 （自 2022年4月1日 至 2023年3月31日）	
売上高	※1	503,354	※1	525,603
売上原価	※2	381,077	※2	407,308
売上総利益		122,277		118,295
販売費及び一般管理費	※3、※4	92,484	※3、※4	94,355
営業利益		29,792		23,939

（出典：森永乳業2023年3月期有価証券報告書）

販売費と一般管理費を引いて、本業の利益がわかるんだ

減価償却費とはどんな費用？　引当金って、何？

　販売費及び一般管理費には、前節で説明した事業年度を人為的に区分したため、会社の業績を示すために計上される費用も合わせて計上されています。

　減価償却費は固定資産の取得に要した金額を使用する期間に割り振った金額です。減価償却を行う固定資産は使用に基づいて、その価値が減少していく固定資産です。具体的には、建物、建物付属設備、機械、構築物などがあげられます。

　引当金は、実際にはまだ発生していない費用や損失を当期の費用や損失として前倒し計上し，同額を負債に計上するものです。引当金には、貸倒引当金や返品調整引当金、賞与引当金、退職給付引当金などがあります。

　減価償却費や引当金について、どのような方針で計上しているのかは、注記を見ることによって、詳しく知ることができます。

　実際の記載例として、森永乳業2023年3月期連結財務諸表の「注記」を見てみましょう。

(2)には、重要な減価償却資産について、どんな方法で減価償却しているのかが記載されています。有形固定資産の減価償却の方法には、定額法、定率法、生産高比例法などがありますが、会社は定額法を採用しています。無形固定資産は、資産の販売可能期間、利用可能期間等に基づいて、定額法で償却していることがわかります。

また、(3)を見ると、債権を一般債権と貸倒懸念債権等に分け、一般債権は貸倒実績率によって、貸倒懸念債権等は回収可能性の検討によって、貸倒引当金が計上されていることが読み取れます。

このように注記を読むことによって、会社がどのような方針で減価償却を行い、引当金を計上しているのかを確認することができます。

▼減価償却の方法と引当金の計上基準

(2) 重要な減価償却資産の減価償却の方法
　① 有形固定資産(リース資産を除く)
　　　定額法によっております。
　② 無形固定資産(リース資産を除く)
　　　主として定額法によっております。
　　　ただし、販売目的のソフトウェアについては、主として販売可能期間の見積り(3年)に基づく定額法によっており、自社利用のソフトウェアについては、社内における利用可能期間(5年)に基づく定額法によっております。また、顧客関連資産については、その効果の発現する期間(7〜12年)に基づく定額法によっております。
　③ リース資産
　　　リース期間を耐用年数とし、残存価額を零とする定額法によっております。

(3) 重要な引当金の計上基準
　　貸倒引当金
　　　売上債権、貸付金等の貸倒損失に備えるため、一般債権については主として貸倒実績率により計上し、貸倒懸念債権等特定の債権については個別に回収可能性を検討し、回収不能見込額を計上しております。

(出典：森永乳業2023年3月期有価証券報告書)

3

> 期間を区切って計算するから、調整が必要なんだね

営業利益は何を表すの？

　損益計算書の冒頭で、損益計算書を理解するには段階的に計算される利益の内容を知ることがポイントであると説明しました。営業利益は何を示す利益でしょうか？

　営業利益は会社がメインとして行っている事業の成果を示す利益です。営業利益を見れば、その会社の商売がうまくいっているかどうかを判断することができます。

4 営業外収益・営業外費用とはどんなもの？

営業利益が会社の事業の成果なら、その先の利益はいらないんじゃないの？

会社は余剰資金があれば、株式を買ったり、余った資金を有効に使おうとするんだ。本業とは違うけれど、これも企業活動として評価する必要があるだろう

営業外とはどんな意味？

本業の成果を表すのが営業利益であることがわかりました。損益計算書の計算は営業利益の後も「営業外収益」「営業外費用」と続きます。「営業外」とはどのような意味でしょうか。

営業外収益、**営業外費用**の「営業外」とは、本業以外という意味です。製品の製造を本業としている会社が建物を保有しており、そこから家賃を得ている場合などが、営業外収益になります。

また前述したとおり、会社は本業で資金の余剰が生じた場合、それを遊ばせておくことなく、有価証券を取得したり、債券を買ったりして、運用します。会社のこのような活動を**財務活動**といいます。営業外収益、営業外費用には財務活動によって、生じた収益・費用が含まれます。

営業外収益と営業外費用を合わせて、営業外損益といいます。

▼営業外収益・営業外費用

② 【連結損益計算書及び連結包括利益計算書】
【連結損益計算書】

(単位：百万円)

	前連結会計年度 (自 2021年4月1日 至 2022年3月31日)		当連結会計年度 (自 2022年4月1日 至 2023年3月31日)	
売上高	※1	503,354	※1	525,603
売上原価	※2	381,077	※2	407,308
売上総利益		122,277		118,295
販売費及び一般管理費	※3,※4	92,484	※3,※4	94,355
営業利益		29,792		23,939
営業外収益				
受取利息		45		43
受取配当金		820		724
受取家賃		281		272
為替差益		445		613
その他		948		835
営業外収益合計		2,542		2,488
営業外費用				
支払利息		747		710
持分法による投資損失		19		53
その他		441		445
営業外費用合計		1,207		1,210
経常利益		31,127		25,218

（出典：森永乳業2023年3月期有価証券報告書）

営業外収益・営業外費用

営業外収益、営業外費用は内訳
もわかるんだね

財務活動とはどんな活動？

　会社が資金を運用することを財務活動ということがわかりました。財務活動にはどんな活動があるのでしょうか？

　財務活動には、まず債券・株式などの有価証券を購入し、売却により利益を得たり、配当金を受け取る活動があります。また、余剰資金を預金したり、貸し付けることも財務活動です。

　営業外収益の主な項目としては、以下のものがあります。

【営業外収益の主な項目】

受取利息 …………	金融機関に預け入れたり、貸し付けたりすることで受け取れる利息
受取配当金 ………	保有株式によって受け取る配当金
有価証券利息………	国債や地方債、社債などの債券から受け取る受取利息
有価証券売却益……	売買目的の有価証券の売却によって得た利益
不動産賃貸料益……	不動産の賃貸によって得られる利益
為替差益 …………	為替相場の変動による利益
雑収入 ……………	いずれの科目にも当てはまらないもの　または重要性がないもの

　財務活動には、資金調達として、銀行などから行う借入も含まれます。また、社債を発行した場合、それに関係する費用も営業外費用になります。

　営業外費用の主な項目としては、以下のものがあります。

【営業外費用の主な項目】

支払利息 …………	金融機関や取引先からの借り入れで支払う利息
社債利息 …………	社債を発行した場合、支払う利息
有価証券売却損……	売買目的の有価証券の売却による損失

為替差損 ………… 為替相場の変動による損失

雑損失 ………… いずれの科目にも当てはまらないもの または重
要性がないもの

経常利益は何を表すの？

　営業利益に営業外収益を加え、営業外損失を差し引いて計算される経常
利益は何を表す利益でしょうか？

　経常利益は、企業が通常行う業務によって、得た利益を表します。企業は
通常本業と財務活動を行うからです。経常利益は、通常の事業活動でどのく
らい利益が出ているのかを示す指標になります。

5 特別利益・特別損失とはどんなもの？

経常利益が計算できれば、今度こそ利益の計算は終わりだね

事業とは関係なくても、利益や損失が生じる場合もあるよ。それも計算に入れる必要があるんだ

特別とはどんな意味？

　通常の事業活動で得た利益が経常利益であることがわかりました。損益計算書の計算は経常利益の後も「特別利益」「特別損失」と続きます。「特別」はどのような意味でしょうか。

　業績に影響するのは、事業活動に関連するものだけとは限りません。たとえば、会社が所在する場所で災害が生じたりすれば、事業とは関係なく損失が発生します。

　特別利益と**特別損失**を合わせて、**特別損益**といいます。特別損益は、企業が通常行う事業内容と直接関係なく、その期だけに発生した金額的にも大きな項目をいいます。ここでも、森永乳業2023年3月期有価証券報告書の連結損益計算書を見てみましょう。

▼特別利益・特別損失

② 【連結損益計算書及び連結包括利益計算書】

【連結損益計算書】

(単位：百万円)

	前連結会計年度 (自 2021年4月1日 至 2022年3月31日)		当連結会計年度 (自 2022年4月1日 至 2023年3月31日)	
売上高	※1	503,354	※1	525,603
売上原価	※2	381,077	※2	407,308
売上総利益		122,277		118,295
販売費及び一般管理費	※3,※4	92,484	※3,※4	94,355
営業利益		29,792		23,939
営業外収益				
受取利息		45		43
受取配当金		820		724
受取家賃		281		272
為替差益		445		613
その他		948		835
営業外収益合計		2,542		2,488
営業外費用				
支払利息		747		710
持分法による投資損失		19		53
その他		441		445
営業外費用合計		1,207		1,210
経常利益		31,127		25,218
特別利益				
固定資産売却益	※5	21,214	※5	814
投資有価証券売却益		9		53
段階取得に係る差益		－		2,653
その他		240		－
特別利益合計		21,464		3,521
特別損失				
固定資産処分損	※6	656	※6	592
公益財団法人ひかり協会負担金	※7	1,500	※7	1,691
減損損失		－	※8	1,226
工場再編費用	※9	1,936	※9	494
その他		202		1,016
特別損失合計		4,296		5,020
税金等調整前当期純利益		48,296		23,719

（出典：森永乳業2023年3月期有価証券報告書）

特別利益・特別損失

工場再編費用とか、確かに通常の
事業活動とは関係がなさそうだね

78

特別利益にはどんなものが含まれるの？

　通常行う事業内容と直接関係なく、その期だけに発生した金額的にも大きな項目が特別損益であることがわかりました。特別利益にはどんなものが含まれるのでしょうか？

　特別利益には、不動産など固定資産の売却による利益、長期間保有している株式や投資有価証券の売却による利益が計上されます。

【特別利益の主な項目】

　固定資産売却益・・・・・・固定資産の売却による利益
　投資有価証券売却益・・・・投資有価証券の売却による利益

　この他、コロナ関係で受領した給付金、助成金を特別利益とした会社もあります。

特別損失にはどんなものが含まれるの？

　通常行う事業内容と直接関係なく、その期だけに発生した金額的にも大きな項目としての特別損失にはどんなものが含まれるのでしょうか？

　特別損失には、不動産など固定資産の売却による損失、長期間保有している株式や投資有価証券の売却による損失が計上されます。

【特別損失の主な項目】

　固定資産売却損・・・・・・固定資産の売却による損失
　固定資産除却損・・・・・・固定資産の除却による損失
　投資有価証券売却損・・・・投資有価証券の売却による損失
　減損損失・・・・・・・・・固定資産の収益性の低下で投資額の
　　　　回収が見込めない場合、帳簿価額を減額することによる損失

災害損失・・・・・・・・・・自然災害や火事等による損失

　このほか、訴訟を受けている企業が訴訟損失引当金の繰入額を特別損失に計上することもあります。

6 税金費用とはどんなもの？

特別損益の後、税金みたいな項目が続いているね

利益に関係する税金を差し引いて、やっと業績がわかるようになるんだ

法人税、住民税及び事業税とは？

　特別損益を加えて、**税引前当期純利益**（連結損益計算書では**税金等調整前当期純利益**）が計算されました。ここからは、税金費用の計算になります。ここで税金費用となるのは、利益に関係する税金だけです。

　法人に係る税金のうち、利益に関係する税金は、法人税、法人事業税、法人住民税です。法人事業税には、所得割、資本割、付加価値割の３つがあります。このうち、利益と関係のない資本割、付加価値割は「販売費及び一般管理費」に計上されます。

　「法人税、住民税及び事業税」は今期の利益を基に計算される、支払う予定の税金です。

- ●法人税
  会社の所得に対して課せられる国税
- ●住民税
  「法人都道府県民税」と「法人市町村民税」の総称
  事務所のある都道府県及び市町村から課せられる地方税
- ●事業税
  法人が行う事業そのものに対して、地方団体によって課せられる地方税

ここでも、森永乳業2023年3月期有価証券報告書の連結損益計算書を見てみましょう。

▼税金費用

② 【連結損益計算書及び連結包括利益計算書】
【連結損益計算書】

（単位：百万円）

	前連結会計年度 （自 2021年4月1日 至 2022年3月31日）		当連結会計年度 （自 2022年4月1日 至 2023年3月31日）	
売上高	※1	503,354	※1	525,603
売上原価	※2	381,077	※2	407,308
売上総利益		122,277		118,295
販売費及び一般管理費	※3、※4	92,484	※3、※4	94,355
営業利益		29,792		23,939
営業外収益				
受取利息		45		43
受取配当金		820		724
受取家賃		281		272
為替差益		445		613
その他		948		835
営業外収益合計		2,542		2,488
営業外費用				
支払利息		747		710
持分法による投資損失		19		53
その他		441		445
営業外費用合計		1,207		1,210
経常利益		31,127		25,218
特別利益				
固定資産売却益	※5	21,214	※5	814
投資有価証券売却益		9		53
段階取得に係る差益		－		2,653
その他		240		－
特別利益合計		21,464		3,521
特別損失				
固定資産処分損	※6	656	※6	592
公益財団法人ひかり協会負担金	※7	1,500	※7	1,691
減損損失		－	※8	1,226
工場再編費用	※9	1,936	※9	494
その他		202		1,016
特別損失合計		4,296		5,020
税金等調整前当期純利益		48,296		23,719
法人税、住民税及び事業税		14,279		5,447
法人税等調整額		90		1,252
法人税等合計		14,369		6,699
当期純利益		33,926		17,019

（出典：森永乳業2023年3月期有価証券報告書）

税金費用

やっとこれで当期の利益にたどり着いたね

法人税等調整額は何を表す？

「法人税、住民税及び事業税」の下に記載される「法人税等調整額」は税効果会計を適用した金額です。税効果会計とはどのような会計処理でしょうか？

税金計算に用いられる所得は、会計で計算される利益に加減算を加えたものです。そのため、計算される税金の金額は会計で計上される収益、費用と計上タイミングが異なります。**税効果会計**は会計の収益、費用と計算される税金の計上されるタイミングを調整するものです。この調整によって、当期純利益は会社の業績を表すものになります。

税効果会計を適用した結果生じた差異は繰延税金資産、繰延税金負債として、貸借対照表に計上されます。会計と税金計算のどのような差異によって、繰延税金資産、繰延税金負債が生じたのかは、注記を見ることでわかります。

実際の記載例として、森永乳業2023年3月期有価証券報告書の「繰延税金資産、繰延税金負債の内訳」を見てみましょう。

「繰延税金資産小計」「繰延税金負債合計」で小計、合計されている項目が会計の収益、費用と計算される税金の計上するタイミングを調整する項目です。

なお、「繰延税金資産小計」以下にある「評価性引当額」は会社の将来の利益等を検討し、将来の税金費用とすることが難しいと判断した結果、繰延税金資産を計上しない金額になります。

税効果会計は、理解することがたいへん難しい会計処理の1つです。決算書を読み始めた段階では、「会計の収益、費用と計算される税金の計上されるタイミングを調整するもの」という理解にとどめ、深入りしないことをお勧めします。

税効果会計について、もっと詳しく知りたいという方は、拙著「一番わかりやすい！税効果会計の教科書」(ソシム)をお読みください。

3

▼繰延税金資産、繰延税金負債の内訳

(税効果会計関係)

1　繰延税金資産及び繰延税金負債の発生の主な原因別の内訳

	前連結会計年度 (2022年3月31日)	当連結会計年度 (2023年3月31日)
(繰延税金資産)		
税務上の繰越欠損金(注)2	43百万円	770百万円
退職給付に係る負債	5,032	5,116
退職給付信託	272	272
未払賞与	2,144	2,160
その他有価証券等時価会計評価損	712	703
未払費用	1,584	1,649
未実現利益消去	2,116	2,102
減価償却費	287	263
繰延資産	63	88
貸倒引当金	99	110
減損損失	1,247	893
その他	2,062	1,558
繰延税金資産小計	15,667	15,689
税務上の繰越欠損金に係る評価性引当額(注)2	△43	△81
将来減算一時差異等の合計に係る評価性引当額	△1,681	△2,043
評価性引当額小計	△1,725	△2,124
繰延税金資産合計	13,942	13,564
(繰延税金負債)		
固定資産圧縮記帳積立金	△3,926	△3,848
連結子会社の時価評価に伴う評価差額	△805	△792
その他有価証券評価差額金	△3,375	△3,864
その他	△241	△949
繰延税金負債合計	△8,349	△9,455
繰延税金資産の純額(注)1	5,593	4,108

（出典：森永乳業2023年3月期有価証券報告書）

税金を利益と対応させるのに、こんなにたくさん調整項目があるんだ

当期純利益は何を表すの？

「法人税等合計額」が差し引かれ、「当期純利益」が計算されます。当期純利益は何を表す数字になるのでしょうか？

当期純利益はこの事業年度に会社が活動した結果である最終的な経営成績を表す利益になります。

損益計算書を見る順番としては、最終的な経営成績である**当期純利益**を最初に確認し、それから**経常利益**、**営業利益**と見ていくことをお勧めします。

3

7 親会社株主に帰属する当期純利益とは？

連結損益計算書をよく見ると、まだ利益のついた項目があるぞ

親会社株主に帰属する当期純利益のことだね。連結子会社の中には、親会社以外の株主のいる会社があるんだ

非支配株主とは？

　個別財務諸表の損益計算書では、当期純利益までで段階損益の計算は終わりです。連結損益計算書で、当期純利益は、さらに「非支配株主に帰属する当期純利益」を差し引き、「親会社株主に帰属する当期純利益」が計算されます。

連結損益計算書では、この「親会社株主に帰属する当期純利益」がこの事業年度に企業グループが活動した結果である最終的な経営成績を表す利益になります。

▼連結損益計算書

連結損益計算書

売上高	×××
売上原価	×××
売上総利益	×××
販売費及び一般管理費	×××
営業利益	×××
営業外収益	×××
営業外費用	×××
経常利益	×××
特別利益	×××
特別損失	×××
税引等調整前当期純利益	×××
税金費用	×××
当期純利益	×××
非支配株主に帰属する当期純利益	×××
親会社株主に帰属する当期純利益	×××

3

「親会社株主に帰属する当期純利益」が
企業グループの業績を表すんだ

▼親会社株主に帰属する当期純利益

② 【連結損益計算書及び連結包括利益計算書】
【連結損益計算書】

（単位：百万円）

	前連結会計年度 (自 2021年4月1日 至 2022年3月31日)		当連結会計年度 (自 2022年4月1日 至 2023年3月31日)	
売上高	※1	503,354	※1	525,603
売上原価	※2	381,077	※2	407,308
売上総利益		122,277		118,295
販売費及び一般管理費	※3,※4	92,484	※3,※4	94,355
営業利益		29,792		23,939
営業外収益				
受取利息		45		43
受取配当金		820		724
受取家賃		281		272
為替差益		445		613
その他		948		835
営業外収益合計		2,542		2,488
営業外費用				
支払利息		747		710
持分法による投資損失		19		53
その他		441		445
営業外費用合計		1,207		1,210
経常利益		31,127		25,218
特別利益				
固定資産売却益	※5	21,214	※5	814
投資有価証券売却益		9		53
段階取得に係る差益		―		2,653
その他		240		―
特別利益合計		21,464		3,521
特別損失				
固定資産処分損	※6	656	※6	592
公益財団法人ひかり協会負担金	※7	1,500	※7	1,691
減損損失		―	※8	1,226
工場再編費用	※9	1,936	※9	494
その他		202		1,016
特別損失合計		4,296		5,020
税金等調整前当期純利益		48,296		23,719
法人税、住民税及び事業税		14,279		5,447
法人税等調整額		90		1,252
法人税等合計		14,369		6,699
当期純利益		33,926		17,019
非支配株主に帰属する当期純利益		143		144
親会社株主に帰属する当期純利益		33,782		16,875

（出典：森永乳業2023年3月期有価証券報告書）

非支配株主とはどんな株主でしょうか？

　被支配株主がどんな株主か知るには、連結グループを形成する親会社と子会社について理解する必要があります。親会社とは、ある会社の株式取得などを通じて、実質的に経営を支配している会社のことです。支配される会社が子会社です。

ある会社が他の会社の経営を支配して子会社にする場合、必ずしも支配する会社の株式を100%取得する必要はありません。たとえば、親会社グループが子会社の株式の60%を所有する場合、40%は親会社グループ以外の株主が取得することになります。この40%を保有する株主を非支配株主といいます。

▼非支配株主

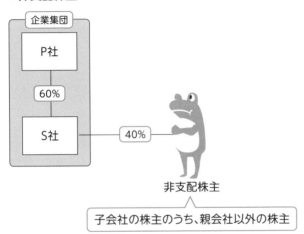

非支配株主

子会社の株主のうち、親会社以外の株主

子会社の利益は誰に帰属する？

　上記の例で、子会社が1,000万円の当期純利益を計上したとします。この利益は誰に帰属するでしょうか。子会社の利益は株式の所有割合に応じて、帰属が決まります。上記の例のように、子会社の株式を親会社が60%、非支配株主が40%所有している場合の帰属額は、

　　親会社株主に帰属する当期純利益＝1,000万円×60％＝600万円
　　非支配株主に帰属する当期純利益＝1,000万円×40％＝400万円

と計算できます。

3

このように子会社の利益について、非支配株主の子会社株式所有割合に基づいて計算されるのが、「非支配株主に帰属する当期純利益」、それを連結グループの当期純利益から控除したものが、「親会社株主に帰属する当期純利益」です。

また、上記のように親会社が株式の100%を取得していない子会社については、この子会社の純資産についても、非支配株主の持分を考える必要があります。たとえば、上記の例で子会社の純資産が3,000万円であったとすると、非支配株主持分は以下のように計算します。

非支配株主持分＝3,000万円×40％＝1,200万円

この1,200万円は、連結貸借対照表の純資産の部に非支配株主持分として、計上されます（第4章7節を参照してください）。

包括利益とは？

包括利益は2011年3月期から連結財務諸表に記載されることになった比較的新しい概念です。投資有価証券やデリバティブの時価の変動、退職給付の調整額は会社の活動とは関係なく発生します。この変動について、連結損益計算書を通じて連結貸借対照表に反映させるための概念が包括利益です。

包括利益の決算書での表示は、①「包括利益計算書」として独立して表示する方法と、②「損益及び包括利益計算書」として、損益計算書と一体で表示する方法の2つの方法があります。

▼包括利益計算書

【連結包括利益計算書】

(単位：百万円)

	前連結会計年度 (自 2021年4月1日 至 2022年3月31日)	当連結会計年度 (自 2022年4月1日 至 2023年3月31日)
当期純利益	33,926	17,019
その他の包括利益		
その他有価証券評価差額金	△110	1,088
繰延ヘッジ損益	△163	△9
為替換算調整勘定	438	2,137
退職給付に係る調整額	622	△41
持分法適用会社に対する持分相当額	78	25
その他の包括利益合計	※ 865	※ 3,200
包括利益	34,792	20,220
(内訳)		
親会社株主に係る包括利益	34,680	20,082
非支配株主に係る包括利益	111	137

（出典：森永乳業2023年3月期有価証券報告書）

損益計算書の続きを見ると、包括利益計算書という表があるね。これも利益と考えていいのかな？

取引がなくても、所有している投資有価証券やデリバティブの時価が変わったり、退職給付に調整額が生じたり、会社の活動とは無関係に持分の変動が起きることがあるんだ

　包括利益は理解の難しい概念ですので、決算書を読み始めた段階では、「連結損益計算書と連結貸借対照表との調整項目」という理解にとどめ、深入りしない方が良いと思います。

　また、この各期の包括利益の累計額は、連結貸借対照表の純資産の部に「その他の包括利益累計額」として、計上されます（第4章7節を参照してください）。

第4章
貸借対照表では
どんなことがわかるの？

1 貸借対照表はどんな書類？

損益計算書が会社の業績を表す書類だとわかったけれど、貸借対照表はどんな書類なの？

会社の財政状態を表す書類なんだ

貸借対照表は何を表した表？

　損益計算書は会社の業績を表す書類でした。貸借対照表は何を表す書類でしょうか？

　貸借対照表は会社がどのように資金を調達し、どのように使用しているのかを表す書類です。

　決算短信・有価証券報告書で、貸借対照表は、資産の部の下に負債・純資産の部が記載されていますが、資産の部と負債・純資産の部を横並びに考えると内容がぐっとわかりやすくなります。

　次の連結貸借対照表は、森永乳業2023年3月期有価証券報告書のものです。

▼貸借対照表

1 【連結財務諸表等】
(1) 【連結財務諸表】
① 【連結貸借対照表】

(単位:百万円)

資産の部	前連結会計年度 (2022年3月31日)	当連結会計年度 (2023年3月31日)
流動資産		
現金及び預金	23,607	21,096
受取手形、売掛金及び契約資産	63,298	65,354
商品及び製品	51,015	49,482
仕掛品	1,724	1,221
原材料及び貯蔵品	17,709	23,670
その他	7,019	18,676
貸倒引当金	△247	△322
流動資産合計	164,127	179,189
固定資産		
有形固定資産		
建物及び構築物	187,885	188,542
減価償却累計額	△102,541	△104,287
建物及び構築物(純額)	85,344	84,255
機械装置及び運搬具	300,617	312,590
減価償却累計額	△208,855	△218,296
機械装置及び運搬具(純額)	91,761	94,294
土地	54,003	53,950
リース資産	4,621	4,234
減価償却累計額	△2,798	△2,589
リース資産(純額)	1,822	1,645
建設仮勘定	10,355	10,091
その他	15,976	16,652
減価償却累計額	△11,798	△12,509
その他(純額)	4,178	4,142
有形固定資産合計	247,446	248,388
無形固定資産		
のれん	2,066	11,127
その他	7,668	10,112
無形固定資産合計	9,735	21,239
投資その他の資産		
投資有価証券	21,585	21,760
出資金	78	78
長期貸付金	215	206
退職給付に係る資産	2,998	2,985
繰延税金資産	6,328	5,037
その他	6,434	6,375
貸倒引当金	△158	△143
投資その他の資産合計	37,479	36,298
固定資産合計	294,662	305,926
資産合計	458,788	485,116

(単位:百万円)

負債の部	前連結会計年度 (2022年3月31日)	当連結会計年度 (2023年3月31日)
流動負債		
支払手形及び買掛金	52,122	53,844
電子記録債務	4,668	4,600
短期借入金	3,084	5,233
1年内返済予定の長期借入金	7,905	7,952
コマーシャル・ペーパー	―	10,000
リース債務	856	913
未払法人税等	10,036	2,927
未払費用	34,474	35,991
預り金	16,215	15,733
その他	13,136	19,411
流動負債合計	142,506	158,607
固定負債		
社債	50,000	55,000
長期借入金	28,051	20,196
リース債務	1,368	2,039
退職給付に係る負債	21,146	21,483
資産除去債務	735	355
その他	8,960	2,309
固定負債合計	108,261	101,384
負債合計	250,762	257,991
純資産の部		
株主資本		
資本金	21,821	21,821
資本剰余金	19,980	19,985
利益剰余金	183,884	186,518
自己株式	△25,476	△14,316
株主資本合計	200,210	214,009
その他の包括利益累計額		
その他有価証券評価差額金	7,497	8,591
繰延ヘッジ損益	△41	△49
為替換算調整勘定	△613	1,549
退職給付に係る調整累計額	△1,156	△1,198
その他の包括利益累計額合計	5,685	8,893
新株予約権	174	124
非支配株主持分	1,955	4,097
純資産合計	208,026	227,124
負債純資産合計	458,788	485,116

金額が等しい

(出典:森永乳業2023年3月期有価証券報告書)

なるほど、左右の金額が
等しくなるんだね

　貸借対照表を読めるようになるコツは貸借対照表の構造を理解すること
です。

　貸借対照表の項目は、**資産**、**負債**、**純資産**の3つに区分できます。貸借対
照表で資産合計の金額は負債・純資産の合計金額と等しくなっています。

【貸借対照表の構造】

資産＝負債＋純資産

▼貸借対照表の構造

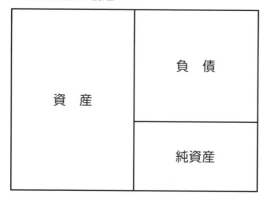

貸借対照表は
資産=負債+純資産
という構造になっているんだ

　資産とは、会社が所有する現金や有価証券、建物、土地などの価値がある財産のことです。将来的に金銭価値を有するものも含まれます。

　負債は、支払う義務や返済する義務があるもののことです。将来、費用や損失として発生する可能性の高い引当金も負債に含まれます。

　純資産は、返済する義務のない企業の資産のことです。

財政状態とは？

　貸借対照表は企業の財政状態を表す書類であるといわれます。財政状態とは何を意味しているのでしょうか？

　財政状態とは会社がどのように資金を集めて、どのような用途に使っているのかです。先ほど貸借対照表を横並びにしましたが、横並びにした左側の資産の部は集めた資金をどのように使っているのかを表します。右側は

資金をどのように集めたのかを表します。

▼財政状態

1 【連結財務諸表等】
(1) 【連結財務諸表】
① 【連結貸借対照表】

（単位：百万円）

資産の部	前連結会計年度 (2022年3月31日)	当連結会計年度 (2023年3月31日)
流動資産		
現金及び預金	23,607	21,696
受取手形、売掛金及び契約資産	※1 63,298	※1 65,354
商品及び製品	51,015	49,482
仕掛品	1,724	1,321
原材料及び貯蔵品	17,709	23,879
その他	7,019	18,676
貸倒引当金	△247	△322
流動資産合計	164,127	179,189
固定資産		
有形固定資産		
建物及び構築物	187,885	188,542
減価償却累計額	△102,541	△104,287
建物及び構築物（純額）	※3 85,344	※3 84,255
機械装置及び運搬具	300,617	312,590
減価償却累計額	△208,855	△218,296
機械装置及び運搬具（純額）	91,761	94,294
土地	※3 54,003	※3 53,959
リース資産	4,621	4,234
減価償却累計額	△2,798	△2,589
リース資産（純額）	1,822	1,645
建設仮勘定	10,335	10,991
その他	15,976	16,652
減価償却累計額	△11,798	△12,509
その他（純額）	4,178	4,142
有形固定資産合計	247,486	248,888
無形固定資産		
のれん	2,066	11,127
その他	7,668	10,112
無形固定資産合計	9,735	21,239
投資その他の資産		
投資有価証券	※4 21,583	※4 21,760
出資金	78	78
長期貸付金	215	296
退職給付に係る資産	2,998	2,985
繰延税金資産	6,328	5,037
その他	※4 6,434	※4 6,375
貸倒引当金	△158	△145
投資その他の資産合計	37,479	36,298
固定資産合計	294,660	305,926
資産合計	458,788	485,116

（単位：百万円）

負債の部	前連結会計年度 (2022年3月31日)	当連結会計年度 (2023年3月31日)
流動負債		
支払手形及び買掛金	52,122	53,844
電子記録債務	4,668	4,600
短期借入金	※3 3,084	※3 3,233
1年内返済予定の長期借入金	※3 7,905	※3 7,952
コマーシャル・ペーパー	―	10,000
リース債務	856	913
未払法人税等	10,006	2,927
未払費用	34,474	35,991
預り金	16,215	15,733
その他	※2 13,136	※2 19,411
流動負債合計	142,500	156,607
固定負債		
社債	50,000	55,000
長期借入金	※3 26,051	※3 20,196
リース債務	1,368	2,039
退職給付に係る負債	21,146	21,483
資産除去債務	735	353
その他	8,960	2,309
固定負債合計	108,261	101,384
負債合計	250,762	257,991
純資産の部		
株主資本		
資本金	21,821	21,821
資本剰余金	19,980	19,985
利益剰余金	183,884	186,518
自己株式	△25,476	△14,316
株主資本合計	200,210	214,009
その他の包括利益累計額		
その他有価証券評価差額金	7,497	8,391
繰延ヘッジ損益	△41	△49
為替換算調整勘定	△613	1,549
退職給付に係る調整累計額	△1,156	△1,198
その他の包括利益累計額合計	5,685	8,893
新株予約権	174	124
非支配株主持分	1,955	4,097
純資産合計	208,026	227,124
負債純資産合計	458,788	485,116

4

集めた資金をどのように使っているのか

資金をどのように集めたのか

右側が資金の調達、左側が
運用になっているんだね

2 流動資産、固定資産はどんな区分？

貸借対照表は資産、負債、純資産の3つに分かれるといっていたけれど、よく見るとさらに細かく分けているみたいだね

資産はさらに流動資産と固定資産、負債は流動負債と固定負債に分けられているんだ

資産・負債の分類の仕方にはどんなものがある？

　貸借対照表をよく見ると資産、負債、純資産の区分に加えて、さらに細かい区分があることに気がつきます。

　資産の分類には短期的支払能力を見るための、流動・固定分類、投資の過程にあるものとそれ以外を区分する貨幣・非貨幣分類などがあります。

　貸借対照表は通常、流動・固定分類に従って区分されています。流動・固定分類は、企業の財務の健全性や借金の返済能力を表す分類です。

　次に示す流動資産・固定資産と流動負債・固定負債の区分は、森永乳業の2023年3月期有価証券報告書の連結貸借対照表です。

▼流動資産・固定資産と流動負債・固定負債

1 【連結財務諸表等】
(1) 【連結財務諸表】
① 【連結貸借対照表】

流動資産

（単位：百万円）

資産の部	前連結会計年度 (2022年3月31日)	当連結会計年度 (2023年3月31日)
流動資産		
現金及び預金	23,607	21,096
受取手形、売掛金及び契約資産	63,298	65,354
商品及び製品	51,015	49,482
仕掛品	1,724	1,221
原材料及び貯蔵品	17,709	23,070
その他	7,019	18,676
貸倒引当金	△247	△322
流動資産合計	164,127	179,189
固定資産		
有形固定資産		
建物及び構築物	187,885	188,542
減価償却累計額	△102,541	△104,287
建物及び構築物（純額）	85,344	84,255
機械装置及び運搬具	300,617	312,590
減価償却累計額	△208,855	△218,296
機械装置及び運搬具（純額）	91,761	94,294
土地	54,003	53,959
リース資産	4,621	6,234
減価償却累計額	△2,798	△4,588
リース資産（純額）	1,822	1,645
建設仮勘定	10,335	10,091
その他	15,976	16,652
減価償却累計額	△11,798	△12,509
その他（純額）	4,178	4,142
有形固定資産合計	247,446	248,388
無形固定資産		
のれん	2,066	11,117
その他	7,668	10,112
無形固定資産合計	9,735	21,229
投資その他の資産		
投資有価証券	21,583	21,760
出資金	78	78
長期貸付金	215	206
退職給付に係る資産	2,998	2,985
繰延税金資産	6,328	5,037
その他	6,434	6,375
貸倒引当金	△158	△145
投資その他の資産合計	37,479	36,298
固定資産合計	294,660	305,926
資産合計	458,788	485,116

固定資産

流動負債

（単位：百万円）

負債の部	前連結会計年度 (2022年3月31日)	当連結会計年度 (2023年3月31日)
流動負債		
支払手形及び買掛金	52,122	53,644
電子記録債務	4,668	4,600
短期借入金	3,064	5,232
1年内返済予定の長期借入金	7,905	7,952
コマーシャル・ペーパー	—	10,000
リース債務	850	913
未払法人税等	10,096	2,927
未払費用	34,474	35,991
預り金	16,215	15,733
その他	13,136	19,411
流動負債合計	142,500	156,607
固定負債		
社債	50,000	55,000
長期借入金	26,051	20,196
リース債務	1,368	2,039
退職給付に係る負債	21,146	21,683
資産除去債務	735	355
その他	8,960	2,309
固定負債合計	108,261	101,384
負債合計	250,762	257,991
純資産の部		
株主資本		
資本金	21,821	21,821
資本剰余金	19,980	19,985
利益剰余金	183,884	186,518
自己株式	△25,476	△14,316
株主資本合計	200,210	214,009
その他の包括利益累計額		
その他有価証券評価差額金	7,497	8,591
繰延ヘッジ損益	△41	△49
為替換算調整勘定	△613	1,549
退職給付に係る調整累計額	△1,156	△1,198
その他の包括利益累計額合計	5,685	8,893
新株予約権	174	124
非支配株主持分	1,955	4,097
純資産合計	208,026	227,124
負債純資産合計	458,788	485,116

流動負債

固定負債

（出典：森永乳業2023年3月期有価証券報告書）

4

資産、負債は流動・固定に分けられているんだ

流動、固定を区分する基準は？

　貸借対照表の資産・負債は流動・固定に分類されています。流動・固定の分類は短期的支払能力を見るための分類といわれています。

　流動と固定はどのように区分するのでしょうか？

　流動と固定は主に2つの基準で区分が行われています。「正常営業循環基準」と「1年基準」です。

　「正常営業循環基準」は会社の主とする営業活動の過程にあるものは流動項目とし、それ以外を固定項目とする基準です。この基準によると販売に

よって受領する現金、受取手形、売掛金、仕入によって発生する棚卸資産、支払手形、買掛金、製造によって発生する製品、仕掛品、原材料はすべて流動項目になります。

　一方、「1年基準（ワンイヤールール）」では決算日後1年の間に現金化または費用化するものを流動項目、1年を超えるものを固定項目とします。

　このほか、有価証券は所有目的によって、流動・固定が分類されます。また、少数ですが、流動とされることが決まっている項目もあります。

▼流動項目と固定項目の区分

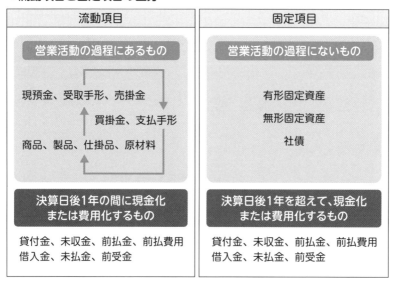

流動項目	固定項目
営業活動の過程にあるもの	営業活動の過程にないもの
現預金、受取手形、売掛金 買掛金、支払手形 商品、製品、仕掛品、原材料	有形固定資産 無形固定資産 社債
決算日後1年の間に現金化 または費用化するもの	決算日後1年を超えて、現金化 または費用化するもの
貸付金、未収金、前払金、前払費用 借入金、未払金、前受金	貸付金、未収金、前払金、前払費用 借入金、未払金、前受金

主に2つの基準で流動・固定を区分しているんだね

流動・固定の区分を考慮に入れると、貸借対照表は次の5つの区分に分かれます。

▼流動固定を考慮した貸借対照表の構造

流動資産	流動負債
	固定負債
固定資産	純資産

この5つの金額比率を見ると、事業構造もわかりそうだね

4

貸借対照表が5つに分かれることはわかったけれど、どうすれば貸借対照表が読めるようになるの

 それぞれの内訳にどんなものがあるのかを知ることだね。まずは、流動資産から見ていこう

当座資産・棚卸資産・その他の流動資産とはどんなもの？

　貸借対照表の5つの区分が理解できたら、次は内訳としてどのようなものが含まれているのかを押さえましょう。最初は流動資産です。

　流動資産の内訳に区分はありませんが、流動資産は**当座資産**、**棚卸資産**、**その他の流動資産**に分かれます。次の流動資産の例示は、森永乳業の2023年3月期有価証券報告書の連結貸借対照表です。

▼流動資産

1 【連結財務諸表等】
  (1) 【連結財務諸表】
    ① 【連結貸借対照表】

(単位：百万円)

棚卸資産		前連結会計年度 (2022年3月31日)	当連結会計年度 (2023年3月31日)
資産の部 当座資産			
流動資産			
現金及び預金		23,607	21,096
受取手形、売掛金及び契約資産	※1	63,298	※1 65,354
商品及び製品		51,015	49,482
仕掛品		1,724	1,221
原材料及び貯蔵品		17,709	23,679
その他		7,019	18,676
貸倒引当金		△247	△322
流動資産合計		164,127	179,189
固定資産 その他の流動資産			
有形固定資産			
建物及び構築物		187,885	188,542
減価償却累計額		△102,541	△104,287
建物及び構築物（純額）	※3	85,344	※3 84,255
機械装置及び運搬具		300,617	312,590
減価償却累計額		△208,855	△218,296
機械装置及び運搬具（純額）	※3	91,761	※3 94,294
土地	※3	54,003	※3 53,959
リース資産		4,621	4,234
減価償却累計額		△2,798	△2,589
リース資産（純額）		1,822	1,645
建設仮勘定		10,335	10,091
その他		15,976	16,652
減価償却累計額		△11,798	△12,509
その他（純額）		4,178	4,142
有形固定資産合計		247,446	248,388
無形固定資産			
のれん		2,066	11,127
その他		7,668	10,112
無形固定資産合計		9,735	21,239
投資その他の資産			
投資有価証券	※4	21,583	※4 21,760
出資金		78	78
長期貸付金		215	206
退職給付に係る資産		2,998	2,985
繰延税金資産		6,328	5,037
その他	※3	6,434	※3 6,375
貸倒引当金		△158	△145
投資その他の資産合計		37,479	36,298
固定資産合計		294,660	305,926
資産合計		458,788	485,116

（出典：森永乳業2023年3月期有価証券報告書）

4

流動資産は3つに分けられるんだ

当座資産とは現金と短期間で容易に換金できる資産のことです。具体的には、現金、1年以内で引き出し可能な預金、売掛金・受取手形などの営業債権、売買目的有価証券、1年以内に満期が到来する債券などがあります。

　棚卸資産は、通常在庫とよんでいるものです。具体的には短期間で販売、製造が予定される商品、製品、半製品、仕掛品、原材料です。厳密には、販売活動、一般管理活動で短期間に消費される事務用消耗品等も含まれます。

　その他の流動資産は、金額が小さく重要性の乏しい流動資産です。具体的には、前渡金、短期貸付金、未収入金、仮払金、立替金などがあります。

【流動資産に分類される主な科目】

当座資産	現金および短期間で容易に換金可能な資産
棚卸資産	短期間で販売、製造が予定される商品、製品、半製品、仕掛品、原材料
その他の流動資産	金額が小さく重要性の乏しい流動資産

4 固定資産にはどんなものがあるの?

流動資産の次は固定資産だね。流動資産のように内容が分からないと区分できないのかな

固定資産は中区分を設けて、3つに分けているんだ

有形固定資産とはどんなもの?

　流動資産の次は固定資産です。固定資産の部には中区分が設けられ、1) 有形固定資産、2) 無形固定資産、3) 投資その他の資産の3つに分けられています。

▼固定資産の中区分

固定資産	有形固定資産
	無形固定資産
	投資その他の資産

　次の連結貸借対照表は、森永乳業の2023年3月期有価証券報告書のものです。

▼固定資産

1 【連結財務諸表等】
  (1)　【連結財務諸表】
    ①　【連結貸借対照表】

(単位：百万円)

		前連結会計年度 (2022年3月31日)		当連結会計年度 (2023年3月31日)
資産の部				
流動資産				
現金及び預金		23,607		21,096
受取手形、売掛金及び契約資産	※1	63,298	※1	65,354
商品及び製品		51,015		49,482
仕掛品		1,724		1,221
原材料及び貯蔵品		17,709		23,679
その他		7,019		18,676
貸倒引当金		△247		△322
流動資産合計		164,127		179,189
固定資産				
有形固定資産				
建物及び構築物		187,885		188,542
減価償却累計額		△102,541		△104,287
建物及び構築物（純額）	※3	85,344	※3	84,255
機械装置及び運搬具		300,617		312,590
減価償却累計額		△208,855		△218,296
機械装置及び運搬具（純額）	※3	91,761	※3	94,294
土地	※3	54,003	※3	53,959
リース資産		4,621		4,234
減価償却累計額		△2,798		△2,589
リース資産（純額）		1,822		1,645
建設仮勘定		10,335		10,091
その他		15,976		16,652
減価償却累計額		△11,798		△12,509
その他（純額）		4,178		4,142
有形固定資産合計		247,446		248,388
無形固定資産				
のれん		2,066		11,127
その他		7,668		10,112
無形固定資産合計		9,735		21,239
投資その他の資産				
投資有価証券	※4	21,583	※4	21,760
出資金		78		78
長期貸付金		215		206
退職給付に係る資産		2,998		2,985
繰延税金資産		6,328		5,037
その他	※3	6,434	※3	6,375
貸倒引当金		△158		△145
投資その他の資産合計		37,479		36,298
固定資産合計		294,660		305,926
資産合計		458,788		485,116

（出典：森永乳業2023年3月期有価証券報告書）

図中：有形固定資産　無形固定資産　投資その他の資産

固定資産は区分を作って、
3つに分けているよ

有形固定資産とは1年を超える長期にわたり利用される資産であり、「形があって目に見えるもの」のことです。具体的には、建物、土地、構築物、機械装置などがあります。建設中の有形固定資産は建設仮勘定とされます。

　無形固定資産は、1年を超える長期にわたり利用される資産であり、「形がなく目に見えないもの」のことです。具体的には、ソフトウェア、のれん（営業権）のほか、特許権、商標権や借地権等の法律上の権利があります。

　投資その他の資産は、企業が利殖を目的に投資した長期資金などです。具体的には、短期的な売買を目的としない投資有価証券、関係会社株式、出資金、長期貸付金などがあります。

【固定資産】

有形固定資産	1年を超える長期にわたり利用される資産であり、「形があって目に見えるもの」
無形固定資産	1年を超える長期にわたり利用される資産であり、「形がなく目に見えないもの」
投資その他の資産	企業が利殖を目的に投資した長期資金など

4

　固定資産の項目を見ると、会社がどのような資産を使って、事業を行っているのかがわかります。

5 繰延資産ってどんな資産？

流動資産でも、固定資産でもない資産が計上されている
貸借対照表を見ることがあるよ

繰延資産のことだね。将来の期間に影響する費用を資産
に計上することができるんだ

繰延資産って何？

　会社の業績を評価するには期間を区切る必要があります。そして、決算数値が業績を示すようにするためには、様々な調整が必要であることを第3章1節で説明しました。

　将来に影響のある特定の費用を資産として計上するのもその調整のひとつです。このような理由で資産計上されたものを**繰延資産**といいます。繰延資産は、会社が支出する費用のうち、その支出効果が1年以上に及ぶ場合、資産に計上したものです。

　会社法で繰延資産として計上できる費用は①創立費、②開業費、③株式交付費、④社債発行費等、⑤開発費の5つです。それぞれの内容は下記のとおりです。

▼繰延資産

①創立費	会社設立のために支出した費用
②開業費	会社の設立から実際に事業を開始するまでにかかった費用
③株式交付費	新株発行や自己株式の処分にかかった費用
④社債発行費等	社債の発行や新株予約権の発行に支出した費用
⑤開発費	新技術の開発や新市場の開拓などにかかった費用

　繰延資産の償却について、創立費、開業費、開発費は5年以内、株式交付費は3年以内、社債発行費は社債の償還期限内と期限が定められています。

　繰延資産は、流動資産、固定資産とは異なり、売却して換金することはできません。また、資産の部の中で、金額的に大きな割合を占めることはほとんどないので、貸借対照表を読む際、それほど意識する必要はありません。

4

▼繰延資産

1 【連結財務諸表等】
(1) 【連結財務諸表】
① 【連結貸借対照表】

(単位：百万円)

	前連結会計年度 (2022年3月31日)		当連結会計年度 (2023年3月31日)	
資産の部				
流動資産				
現金及び預金		81,194		105,692
受取手形、売掛金及び契約資産	※1	120,924	※1	133,922
有価証券		768		859
商品		24,588		24,644
製品		7		401
仕掛品		345		332
原材料及び貯蔵品		464		606
その他		23,703		25,544
貸倒引当金		△4,239		△4,266
流動資産合計		247,757		287,735
固定資産				
有形固定資産				
建物及び構築物		459,047		465,091
減価償却累計額		△303,138		△316,083
建物及び構築物（純額）		155,908		149,007
土地		527,432		528,032
建設仮勘定		6,975		8,619
使用権資産		4,944		5,778
減価償却累計額		△3,219		△3,611
使用権資産（純額）		1,725		2,167
その他		64,925		66,457
減価償却累計額		△48,957		△50,814
その他（純額）		15,968		15,643
有形固定資産合計		708,010		703,470
無形固定資産				
ソフトウエア		17,343		17,334
のれん		—		10,332
その他		23,422		23,386
無形固定資産合計		40,765		51,052
投資その他の資産				
投資有価証券	※2	120,413	※2	120,864
長期貸付金		129		80
差入保証金		40,615		40,624
退職給付に係る資産		3,553		3,538
繰延税金資産		3,475		4,249
その他		3,956		5,816
貸倒引当金		△179		△181
投資その他の資産合計		171,965		174,993
固定資産合計		920,741		929,517
繰延資産				
社債発行費		75		55
繰延資産合計		75		55
資産合計		1,168,574		1,217,308

繰延資産

（出典：株式会社三越伊勢丹ホールディングス2023年3月期有価証券報告書）

110

6 負債の部にはどんなものがあるの?

 負債って、支払う義務や返済する義務があるものだったよね。資産のように細かい分類があるのかな

 資産と違って、負債は流動負債と固定負債の内容がわかれば、十分だよ

流動負債と固定負債

負債とは支払う義務や返済する義務があるものです。負債は、流動負債と固定負債に分けられます。

次の流動負債と固定負債の例示は、森永乳業の2023年3月期有価証券報告書の連結貸借対照表です。

4

▼流動負債と固定負債

（単位：百万円）

		前連結会計年度 (2022年3月31日)		当連結会計年度 (2023年3月31日)
負債の部				
流動負債				
支払手形及び買掛金		52,122		53,844
電子記録債務		4,668		4,600
短期借入金	※3	3,084	※3	5,233
1年内返済予定の長期借入金	※3	7,905	※3	7,952
コマーシャル・ペーパー		—		10,000
リース債務		856		913
未払法人税等		10,036		2,927
未払費用		34,474		35,991
預り金		16,215		15,733
その他	※2	13,136	※2	19,411
流動負債合計		142,500		156,607
固定負債				
社債		50,000		55,000
長期借入金	※3	26,051	※3	20,196
リース債務		1,368		2,039
退職給付に係る負債		21,146		21,483
資産除去債務		735		355
その他		8,960		2,309
固定負債合計		108,261		101,384
負債合計		250,762		257,991
純資産の部				
株主資本				
資本金		21,821		21,821
資本剰余金		19,980		19,985
利益剰余金		183,884		186,518
自己株式		△25,476		△14,316
株主資本合計		200,210		214,009
その他の包括利益累計額				
その他有価証券評価差額金		7,497		8,591
繰延ヘッジ損益		△41		△49
為替換算調整勘定		△613		1,549
退職給付に係る調整累計額		△1,156		△1,198
その他の包括利益累計額合計		5,685		8,893
新株予約権		174		124
非支配株主持分		1,955		4,097
純資産合計		208,026		227,124
負債純資産合計		458,788		485,116

流動負債 （流動負債の区分ラベル）
固定負債 （固定負債の区分ラベル）

（出典：森永乳業2023年3月期有価証券報告書）

流動負債、固定負債という
区分を作っているね

流動負債とはどんなもの？

　負債のうち流動負債となるものは、仕入、製造から販売までの過程で発生する債務、1年基準によって決算日の翌日から1年以内に返済期限がくる債務です。具体的には、支払手形及び買掛金、短期借入金、未払法人税等、未払費用、預り金などがあります。

　支払手形及び買掛金は後日支払うことを約束した営業活動で生じた債務です。

　短期借入金は、決算日の翌日から1年以内に返済期限がくる借入金です。長期借入金で返済期限が1年以内となったものは、「1年以内返済予定の長期借入金」として、別に表示されます。

　未払法人税等はその期の決算に帰属する法人税、法人住民税、法人事業税のうち未納付の金額です。

　未払費用は継続してサービスを受けるもので決算日時点で未払いの金額です。

　前受金は商品やサービスを引き渡す前に受け取った金額です。

【流動負債に分類される主な科目】

支払手形及び買掛金	後日支払うことを約束した営業活動で生じた債務
短期借入金	決算日の翌日から1年以内に返済期限がくる借入金
未払法人税等	その期の決算に帰属する法人税、法人住民税、法人事業税のうち未納付の金額
未払費用	継続してサービスを受けるもので決算日時点で未払いの金額
前受金	商品やサービスを引き渡す前に受け取った金額

4

固定負債に含まれるものは？

　負債のうち固定負債となるものは、通常の営業活動以外で発生する債務、返済期限が決算日の翌日から1年を超える債務です。具体的には、社債、長期借入金、退職給付に係る債務、資産除去債務などがあります。

　社債は会社が設備投資などの事業資金を調達するために発行した債券のことです。

　長期借入金は、返済期限が決算日の翌日から1年を超える借入金です。

　退職給付に係る債務は制度による企業年金、退職一時金のうち、当期末までに負担するものを割引計算により測定した負債です。

　資産除去債務は将来資産を除去する必要があるとき、将来発生する費用を合理的に見積もったものです。

【固定負債に分類される主な科目】

社債	会社が資金を調達するために発行した債券
長期借入金	返済期限が決算日の翌日から1年を超える借入金
退職給付に係る負債	企業年金、退職一時金のうち、当期末までに負担するものを割引計算により測定した負債
資産除去債務	資産の除去について、将来発生する費用を合理的に見積もったもの

純資産にはどんなものがあるの？

純資産をみると、その他の包括利益累計額という項目が
あるね。どんな利益なの？

当期純利益との調整額の累計と理解しておけば十分だよ

株主資本とは？

　純資産は株主資本とその他の包括利益累計額、新株予約権、非支配株主
持分に分けられます。

▼純資産の部

純資産の部	株主資本
	その他の包括利益累計額
	新株予約権
	非支配株主持分

　次の純資産は、森永乳業2023年3月期有価証券報告書の連結貸借対照表
です。

▼純資産

（単位：百万円）

	前連結会計年度 （2022年3月31日）	当連結会計年度 （2023年3月31日）
負債の部		
流動負債		
支払手形及び買掛金	52,122	53,844
電子記録債務	4,668	4,600
短期借入金	※3　3,084	※3　5,233
1年内返済予定の長期借入金	※3　7,905	※3　7,952
コマーシャル・ペーパー	―	10,000
リース債務	856	913
未払法人税等	10,036	2,927
未払費用	34,474	35,991
預り金	16,215	15,733
その他	※2　13,136	※2　19,411
流動負債合計	142,500	156,607
固定負債		
社債	50,000	55,000
長期借入金	※3　26,051	※3　20,196
リース債務	1,368	2,039
退職給付に係る負債	21,146	21,483
資産除去債務	735	355
その他	8,960	2,309
固定負債合計	108,261	101,384
負債合計	250,762	257,991
純資産の部		
株主資本		
資本金	21,821	21,821
資本剰余金	19,980	19,985
利益剰余金	183,884	186,518
自己株式	△25,476	△14,316
株主資本合計	200,210	214,009
その他の包括利益累計額		
その他有価証券評価差額金	7,497	8,591
繰延ヘッジ損益	△41	△49
為替換算調整勘定	△613	1,549
退職給付に係る調整累計額	△1,156	△1,198
その他の包括利益累計額合計	5,685	8,893
新株予約権	174	124
非支配株主持分	1,955	4,097
純資産合計	208,026	227,124
負債純資産合計	458,788	485,116

その他の包括利益累計額

株主資本

新株予約権

非支配株主持分

（出典：森永乳業2023年3月期有価証券報告書）

資本金以外は、あまりなじみのない項目ばかりだね

純資産の区分内容について、理解していきましょう。最初は株主資本です。

株主資本とは、純資産のうち株主に帰属する金額のことです。

株主資本は1) 資本金、2) 資本剰余金、3) 利益剰余金、4) 自己株式に分けられます。

株主に帰属する額は株主が出資した金額と会社が稼いだ利益で構成されます。上記のうち1) 資本金と2) 資本剰余金が株主の出資した金額。3) 利益剰余金が会社の稼いだ利益になります。4) 自己株式は自社が保有する自社の発行した株式です。株主が出資した金額の払い戻しに該当するので、株主資本のマイナスとして表示されます。

1) 資本金は株主が出資した金額のうち、資本金とした金額です。その逆に2) 資本剰余金は株主が出資した金額のうち、資本金としなかった金額です。また、合併で生じる合併差益も含まれます。

3) 利益剰余金は会社が成立後、会社が稼いだ利益で配当等によって株主に分配されていない金額です。利益剰余金が多ければ、会社の財務状況は良好といえます。そのため、利益剰余金は会社の財務状況を示す重要な指標となります。

【株主資本の内容】

1) 資本金　　　株主が出資した金額のうち、資本金とした金額

2) 資本剰余金　株主が出資した金額のうち、資本金としなかった金額

3) 利益剰余金　会社成立後、会社が稼いだ利益で配当等によって株主に分配されていない金額

4) 自己株式　　自社が保有する自社の発行した株式。株主が出資した金額の払い戻しに該当、株主資本のマイナスで表示

その他の包括利益累計額とは？

その他の包括利益累計額は、資産・負債を評価替、換算したことによって

生じる差額のことです。この差額は将来利益、損失となる可能性のある金額を集計したものです。

　例えば、その他有価証券差額金は期末日におけるその他有価証券の時価と取得原価の差額に税効果を適用した金額です。将来利益、損失になる可能性があるため、純資産に計上されています。

　その他の包括利益累計額には1)その他有価証券評価差額金、2)繰延ヘッジ損益、3)土地再評価差額金、4)為替換算調整勘定、5)退職給付に係る調整累計額の5つがあります。

　2)繰延ヘッジ損益は先物取引、オプション取引などのデリバティブ取引について、期末時点での時価評価による差額を翌期以降に繰り延べるときに使用する勘定科目です。

　3)土地再評価差額金は、「土地の再評価に関する法律」で、事業用土地の価格を再評価し、その土地評価益を計上したものです。

　4)為替換算調整勘定は、在外子会社等の財務諸表の換算手続において発生する差額です。

　5)退職給付に係る調整累計額は、退職給付計算における未認識数理計算上の差異と未認識過去勤務費用を計上したものです。

【その他の包括利益累計額の内容】

1) その他有価証券評価差額金	期末日におけるその他有価証券の時価と取得原価の差額に税効果を適用した金額
2) 繰延ヘッジ損益	デリバティブ取引について、期末時点での時価評価による差額
3) 土地再評価差額金	事業用土地の価格を再評価し、その土地評価益を計上したもの
4) 為替換算調整勘定	在外子会社等の財務諸表の換算手続において発生する差額
5) 退職給付に係る調整累計額	退職給付計算における未認識数理計算上の差異等を計上したもの

為替換算調整勘定、退職給付に係る調整累計額は連結財務諸表特有の項目です。

　「その他の包括利益累計額」という名称は連結財務諸表だけに用いられます。個別財務諸表では、「評価・換算差額等」という名称で開示されます。

　また、株主資本とその他の包括利益累計額を合わせて、自己資本といいます。

▼自己資本

			純資産の部	
			株主資本	
			資本金	XX
			資本剰余金	XX
			利益剰余金	XX
			自己株式	△XX
			その他の包括利益累計額	
			その他有価証券評価差額金	XX
			為替換算調整勘定	XX
			新株予約権	XX
			非支配株主持分	XX

純資産　自己資本　株主資本

(出典：筆者作成)

資本の部はもっと決算書のことがわかってから、勉強した方がよさそうだ

新株予約権・非支配株主持分とは？

　新株予約権は、会社の株式を予め定められた価格で購入することができる権利のことです。新株予約権者からの払込金額ですが、期末時点では株主に帰属しない金額であるため、株主資本とはなりません。

新株予約権は、権利行使されれば「元手」となり、権利行使されないまま失効すると利益になるため、最終的には、株主資本の一部になります。

非支配株主持分は、子会社の資本のうち親会社が保有しない部分のことです。「株主資本」の「株主」はあくまで「親会社の株主」を指します。そのため、非支配株主持分は「株主資本」以外に区分されることになります（第3章7節を参照してください）。

【新株予約権と非支配株主持分】

新株予約権	会社の株式を予め定められた価格で購入することができる権利
非支配株主持分	子会社の資本のうち親会社が保有しない部分

第5章

キャッシュ・フロー計算書ではどんなことがわかるの？

1 営業活動によるキャッシュ・フローとはどんなもの？

 損益計算書で会社の業績がわかるのに、キャッシュ・フロー計算書はどうして必要なの

 利益とキャッシュは少し違った動きをするんだ

キャッシュ・フローと利益の関係

　キャッシュ・フロー計算書は会計期間におけるキャッシュの増減を活動区分別に表示した書類です。キャッシュ・フロー計算書のキャッシュは現金と現金同等物のことです。現金は、通常使用する紙幣と硬貨、現金同等物は、①普通預金、当座預金など、会社がいつでも出し入れが可能な預金②預入期間が3か月以内の定期預金などをいいます。会社の業績は損益計算書で知ることができます。それでは、キャッシュ・フロー計算書は何のために必要なのでしょうか？

　損益計算書の利益とキャッシュには、ズレが生じます。貸借対照表や損益計算書だけでは把握できないこのズレを明らかにするのが、キャッシュ・フロー計算書です。

　ここでは単純な例をあげて説明します。

<例>

A社は今期設立、期中の取引と決算整理事項は以下の通りです。

❶現預金300百万円を資本金として、会社を設立した。

❷200百万円を支払い、営業用の建物を購入した。

❸100百万円商品を仕入れた。仕入金額は掛けとした。

❹仕入れた商品すべてを160百万円で売上げた。売上金額は掛けとした。

❺売掛金のうち、100百万円を回収した

❻追加で商品200百万円を仕入れ、仕入金額は掛けとした。

❼買掛金180百万円を支払った。

❽人件費を10百万円支払った。

❾期末を迎え、20百万円の減価償却費を計上した。

❿税率は30%、税務調整項目はなかった。

上記の例で会社の利益は以下のように計算されます。

5

① 売上総利益

160百万円（❹）-100百万円（❸, ❹）＝60百万円

② 営業利益

60百万円-10百万円（❽）-20百万円（❾）＝30百万円

③経常利益、税引前当期純利益

営業外損益、特別損益がないため、営業利益と同じ30百万円

③ 当期純利益

30百万円-30百万円×30%（❿）＝21百万円

一方、キャッシュ・フローは以下のように計算されます。

300百万円（❶）-200百万円（❷）＋100百万円（❺）-180百万円（❼）-10百万円（❽）＝10百万円

上記の例で当期純利益は21百万円ですが、キャッシュは10百万円しか

残っていません。

A社の貸借対照表・損益計算書を示します。

▼A社の損益計算書・貸借対照表
●損益計算書

（単位：百万円）

売上高	160
売上原価	100
売上総利益	60
販売費及び一般管理費	30
税引前当期純利益	30
法人税等	9
当期純利益	21

損益計算書、貸借対照表では
キャッシュの動きはわからな
いね

●貸借対照表

（単位：百万円）

資産の部		負債の部	
流動資産		流動負債	
現金及び預金	10	買掛金	120
売掛金	60	未払法人税等	9
棚卸資産	200	流動負債合計	129
流動資産計	270	負債合計	129
固定資産		純資産の部	
有形固定資産		株主資本	
建物	200	資本金	300
減価償却累計額	△20	利益剰余金	21
建物（純額）	180	株主資本合計	321
固定資産合計	180	純資産合計	321
資産合計	450	負債純資産合計	450

A社の損益計算書・貸借対照表を見ると、キャッシュの残高が10百万円であることはわかりますが、キャッシュがどのように増減したのかはわかりません。次にキャッシュ・フロー計算書を見てみましょう。

▼A社のキャッシュ・フロー計算書

●キャッシュ・フロー計算書（直接法）

（単位：百万円）

Ⅰ. 営業活動によるキャッシュ・フロー

商品の販売による収入	100
商品の仕入による支出	△180
人件費支出	△10
営業活動によるキャッシュ・フロー	△90

Ⅱ. 投資活動によるキャッシュ・フロー

有形固定資産の購入	△200
投資活動によるキャッシュ・フロー	△200

Ⅲ. 財務活動によるキャッシュ・フロー

株式の発行による収入	300
財務活動によるキャッシュ・フロー	300
Ⅳ. 現金及び現金同等物の増減額	10
Ⅴ. 現金及び現金同等物の期首残高	0
Ⅵ. 現金及び現金同等物の期末残高	10

●キャッシュ・フロー計算書（間接法）

（単位：百万円）

Ⅰ. 営業活動によるキャッシュ・フロー

税引前当期純利益	30
減価償却費	20
売上債権の増減額	△60
棚卸資産の増減額	△200
仕入債務の増減額	120
小計	△90
営業活動によるキャッシュ・フロー	△90

Ⅱ. 投資活動によるキャッシュ・フロー

有形固定資産の購入	△200
投資活動によるキャッシュ・フロー	△200

Ⅲ. 財務活動によるキャッシュ・フロー

株式の発行による収入	300
財務活動によるキャッシュ・フロー	300
Ⅳ. 現金及び現金同等物の増減額	10
Ⅴ. 現金及び現金同等物の期首残高	0
Ⅵ. 現金及び現金同等物の期末残高	10

5

直接法だとキャッシュがどんなふうに動いたか、一目瞭然だね

125

A社のキャッシュ・フロー計算書を上記に示しました。キャッシュ・フロー計算書を見れば、キャッシュがどのように獲得され、どのように使われたのかが明確にわかります。

　また、キャッシュ・フロー計算書では、会社のどのような活動でキャッシュが増減したのかを表すため、活動を次の3つに区分しています。

キャッシュの増減も活動で
分けるとわかりやすいね

▼キャッシュ・フロー計算書の区分

キャッシュ・フロー計算書の区分	営業活動によるキャッシュ・フロー
	投資活動によるキャッシュ・フロー
	財務活動によるキャッシュ・フロー

▼キャッシュ・フロー計算書の活動区分

④ 【連結キャッシュ・フロー計算書】

（単位：百万円）

	前連結会計年度 (自 2021年4月1日 至 2022年3月31日)	当連結会計年度 (自 2022年4月1日 至 2023年3月31日)
営業活動によるキャッシュ・フロー		
税金等調整前当期純利益	48,296	23,719
減価償却費	21,102	21,231
減損損失	－	1,226
のれん償却額	243	255
負ののれん償却額	△83	△67
段階取得に係る差損益（△は益）	－	△2,653
退職給付に係る負債の増減額（△は減少）	154	372
貸倒引当金の増減額（△は減少）	△52	60
投資有価証券評価損益（△は益）	14	68
受取利息及び受取配当金	△866	△767
支払利息	747	710
為替差損益（△は益）	△346	△452
持分法による投資損益	19	53
固定資産売却損益（△は益）	△21,214	△814
固定資産処分損益（△は益）	656	592
投資有価証券売却損益（△は益）	△4	221
売上債権の増減額（△は増加）	△1,423	△433
棚卸資産の増減額（△は増加）	△3,833	△1,966
仕入債務の増減額（△は減少）	3,272	93
未払費用の増減額（△は減少）	1,058	977
預り金の増減額（△は減少）	103	△552
その他	1,057	△5,390
小計	48,900	36,486
利息及び配当金の受取額	867	768
利息の支払額	△754	△709
法人税等の支払額又は還付額（△は支払）	△8,745	△17,162
営業活動によるキャッシュ・フロー	40,268	19,382
投資活動によるキャッシュ・フロー		
固定資産の取得による支出	△18,878	△19,587
固定資産の売却による収入	30,926	1,157
投資有価証券の取得による支出	△376	△31
投資有価証券の売却による収入	27	171
貸付けによる支出	△3,227	△3,832
貸付金の回収による収入	3,257	3,821
連結の範囲の変更を伴う子会社株式の取得による支出	※2 △3,269	※2 △7,248
連結の範囲の変更を伴う子会社株式の売却による収入	－	85
その他	△86	△0
投資活動によるキャッシュ・フロー	8,371	△25,463
財務活動によるキャッシュ・フロー		
短期借入金の純増減額（△は減少）	△298	193
コマーシャル・ペーパーの純増減額（△は減少）	△10,000	10,000
長期借入れによる収入	3,235	442
長期借入金の返済による支出	△8,165	△8,106
社債の発行による収入	－	4,972
自己株式の売却による収入	0	0
自己株式の取得による支出	△24,783	△8
配当金の支払額	△3,464	△3,616
非支配株主への配当金の支払額	△22	△16
連結の範囲の変更を伴わない子会社株式の取得による支出	△0	△0
ファイナンス・リース債務の返済による支出	△1,024	△934
財務活動によるキャッシュ・フロー	△44,522	2,925
現金及び現金同等物に係る換算差額	169	223
現金及び現金同等物の増減額（△は減少）	4,286	△2,931
現金及び現金同等物の期首残高	19,138	23,486
非連結子会社との合併に伴う現金及び現金同等物の増加額	61	－
新規連結に伴う現金及び現金同等物の増加額	－	421
現金及び現金同等物の期末残高	23,486	※1 20,976

I.営業活動による
キャッシュ・フロー

II.投資活動による
キャッシュ・フロー

III.財務活動による
キャッシュ・フロー

5

（出典：森永乳業2023年3月期有価証券報告書）

活動の種類で3つに分かれているんだな

次以下はそれぞれの区分の内容について、説明します。

営業活動によるキャッシュ・フローにはどんなものがあるの？

　営業活動によるキャッシュ・フローとは、本業に関わる活動において生じる現金収支のことです。利息の受払・法人税等の支払いなど、投資活動、財務活動以外の活動による現金収支もここに含まれます（投資活動、財務活動については、後述します）。

▼営業活動によるキャッシュ・フロー

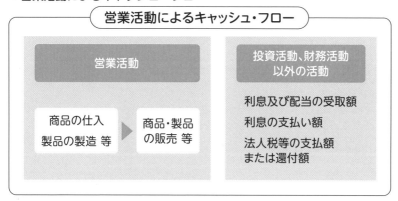

営業活動によるキャッシュ・フローには、投資活動、財務活動以外のものも含まれるんだね

直接法と間接法は何が違うの？

　営業活動によるキャッシュ・フローの表示には、直接法と間接法の2つの表示方法があります。

直接法は、現金収入、現金支出を直接集計して計算する方法、間接法は損益計算書の利益に調整を加えることで間接的に現金収支を表示する方法です。

　直接法と間接法の違いを図示すると次の図表のようになります。

▼直接法と間接法
●直接法で作成された営業活動によるキャッシュ・フロー

I. 営業活動によるキャッシュ・フロー

営業収入	XXX
原材料又は商品の仕入支出	△XXX
人件費の支出	△XXX
その他の営業支出	△XXX
小計	XXX
利息及び配当金の受取額	XXX
利息の支払額	△XXX
損害賠償の支払金額	△XXX
法人税等の支払額	△XXX
営業活動によるキャッシュ・フロー	XXX

現金収入や
現金支出を
直接集計

●間接法で作成された営業活動によるキャッシュ・フロー

I. 営業活動によるキャッシュ・フロー

税金等調整前当期純利益	XXX
減価償却費	XXX
貸倒引当金の増加額	XXX
受取利息及び受取配当金	△XXX
支払利息	XXX
有形固定資産売却益	△XXX
売上債権の増加額	△XXX
たな卸資産の減少額	XXX
仕入債務の減少額	△XXX
小計	XXX
利息及び配当金の受取額	XXX
利息の支払額	△XXX
損害賠償の支払金額	△XXX
法人税等の支払額	△XXX
営業活動によるキャッシュ・フロー	XXX

損益計算書の
利益に調整を
加えることで
間接的に現金
収支を表示

間接法は現金の出入りが
わかりづらいな

129

直接法は、現金収入、現金支出を直接集計するため、収入や支出を把握しやすいという長所があります。一方、現金収入や現金支出を直接集計するには主要な取引ごとのデータが必要なため、作成に手間がかかるという欠点があります。

　現在、決算短信、有価証券報告書で公表されている連結キャッシュ・フロー計算書はほとんどが間接法で作成されており、直接法で作成されたものを見る機会はほとんどありません。

　そのため、間接法で作成されたキャッシュ・フロー計算書の内容がわかるようになる必要があります。

営業活動によるキャッシュ・フローは何を表しているの？

　営業活動によるキャッシュ・フローは商品・製品の販売や商品の仕入、製品の製造などの営業活動による現金収支を表すものです。営業キャッシュ・フローは、現金取引の収入と支出や、掛取引の回収、支払った現金、従業員への給与、現金で支払った経費です。また、製造業の場合、原材料費と外注費の支出が含まれます。

　営業キャッシュ・フローがプラスであれば、会社の営業活動による現金支出が、本業の現金収入でまかなわれているということがわかります。マイナスの場合、そもそも利益の出ない商品・サービスを売っている、商品、製品は売れていても現金の回収ができていない、営業するうえで在庫投資が必要であるといったことが考えられます。また、営業キャッシュ・フローのマイナスが数期続く場合、何らかの形で資金調達が必要になります。

【営業活動によるキャッシュ・フローのプラス、マイナス】

プラス	営業活動による現金支出が本業の現金収入でまかなわれている
マイナス	利益の出ない商品・サービスを売っている
	商品、製品は売れていても現金の回収ができていない
	在庫投資が必要
	数期続く場合、何らかの形で資金調達が必要

5

2 投資活動によるキャッシュ・フローとはどんなもの？

 営業活動が本業であることはわかったけれど、投資活動って、株式を買ったりする活動のこと？

 有価証券の売買だけじゃなく、設備投資も含まれるんだ

投資活動とはどんな活動？

「営業活動によるキャッシュ・フロー」の次に記載されるのが、「投資活動によるキャッシュ・フロー」です。投資活動とはどのような活動をいうのでしょうか？

キャッシュ・フロー計算書における投資活動は、設備投資などの固定資産の取得や余剰資金の運用などのことをいいます。

▼投資活動によるキャッシュ・フロー

投資活動によるキャッシュ・フロー

設備投資	投融資
固定資産の取得・売却	有価証券の取得・売却 資金の貸付・回収

投資活動は設備投資と投融資
に分けられるのだな

投資活動にはどんなものがあるの？

　投資活動として記載されるものはどんなものがあるでしょうか?

　固定資産の取得としては、「有形固定資産の取得による支出」「無形固定資産の取得による支出」があります。また、売却として、「有形固定資産の売却による収入」「無形固定資産の売却による収入」があります。

　余剰資金の運用としては、対象が投資有価証券の場合は「投資有価証券の取得による支出」「投資有価証券の売却による収入」が、関係会社株式の場合は「関係会社株式の取得による支出」「関係会社株式の売却による収入」があります。また、融資の場合、「貸付による支出」「貸付金の回収による収入」があります。

▼投資活動によるキャッシュ・フローの記載項目

固定資産の取得・売却
- 有形固定資産の取得による支出
- 有形固定資産の売却による収入
- 無形固定資産の取得による支出
- 無形固定資産の売却による収入

投融資
- 株式
  - 投資有価証券の取得による支出
  - 投資有価証券の売却による収入
  - 関係会社株式の取得による支出
  - 関係会社株式の売却による収入
- 融資
  - 貸付による支出
  - 貸付金の回収による収入

こんな風に分けると
わかりやすいね

投資活動によるキャッシュ・フローは何を表しているの?

投資活動によるキャッシュ・フローは何を表しているのでしょうか?

投資活動によるキャッシュ・フローはプラスが良く、マイナスが悪いというものではありません。どちらの場合もその内容を検討することが重要です。

固定資産や株式を売却した場合は投資活動によるキャッシュ・フローを増加させます。全体としてプラスとなるのは、有価証券、固定資産を会社が

売却した収入が、投資した支出より多かったことを表します。

　一方、投資活動によるキャッシュ・フローがマイナスとなっている場合、一般的に会社が積極的に投資を行っていると考えられます。投資を行っている対象が、設備投資の場合と投融資の場合に分けて考えましょう。

　会社の事業が成長している場合、会社は設備投資を積極的に行うので、投資活動によるキャッシュ・フローがマイナスとなるのは通常であり、特に問題はありません。その効果は将来の営業活動によるキャッシュ・フローのプラスとなって、反映すると考えられます。

　他方、会社が有価証券を購入したり貸付などの投融資によって、キャッシュ・フローがマイナスになった場合は、将来適切に回収が行われているのかどうかに注目する必要があります。

【投資活動によるキャッシュ・フローのプラス、マイナス】

プラス	有価証券、固定資産を会社が売却した収入が、投資した支出より多い
マイナス	設備等に投資している→将来営業活動によるキャッシュ・フローがプラスになっているか
	有価証券を購入したり貸付をおこなっている→将来適切に回収が行われているか

5

3 財務活動によるキャッシュ・フローとはどんなもの？

残るのは財務活動によるキャッシュ・フローだね。財務だから、お金を管理する活動のことかな？

資金を調達したり、返したりする活動のことなんだ

財務活動とはどんな活動？

最後に残った財務活動はどんな活動でしょうか？

財務活動は、一般的にはお金を管理する活動のことです。

財務活動によるキャッシュ・フローは営業や投資を維持するための資金調達と返済のことをいいます。具体的には、金融機関などからの融資の借り入れと返済、株式、社債の発行、配当金の支払いなどによる現金の増減になります。

▼財務活動によるキャッシュ・フロー

財務活動によるキャッシュ・フロー

資金調達	配当と賃金返済
株式の発行 社債の発行 金融機関等からの借入	株主への配当 社債の償還 借入金の返済

財務活動は資金調達と配当・資金返済に分けられるんだ

財務活動にはどんなものがあるの？

　財務活動によるキャッシュ・フローとして記載されるものには、資本に関するもの、社債等に関するもの、借入金に関するものがあります。

　資本に関するものには、「株式の発行による収入」「親会社による配当金の支払額」「自己株式の取得による支出」があります。

　社債等に関するものには、「社債の発行による収入」「社債の償還による支出」があります。社債だけではなくコマーシャルペーパーの発行、償還も同様です。

　借入金に関するものには、「借入れによる収入」「借入れの返済による支出」があります。借入金は1年基準で短期と長期に区分されます。

▼財務活動によるキャッシュ・フローの記載項目

**資本
関係**　株式の発行による収入
親会社による配当金の支払額
自己株式の取得による支出

**社債
等**　社債の発行による収入
社債の償還による支出

借入金　借入れによる収入
借入れの返済による支出

大きく分けると3つしか
ないんだね

財務活動によるキャッシュ・フローは何を表しているの？

　財務活動により資金が調達され、その資金は営業活動、投資活動で運用されます。財務活動によるキャッシュ・フローのプラス、マイナスは何を表すのでしょうか。

　会社の事業が成長している場合、会社は投資を積極的に行うので、借入や増資などによる資金調達が必ず必要になります。また、投資の効果によって営業活動によるキャッシュ・フローがプラスになれば、会社は余剰資金を返済に充てることもあり、この場合、財務活動によるキャッシュ・フローはマ

イナスとなります。そのため、財務活動によるキャッシュ・フローのプラス、マイナスはどちらが良いと単純に決めることはできません。

　財務活動によるキャッシュ・フローがプラスの場合は、資金の調達目的に留意することが重要になります。設備投資や新規事業のための資金調達は、将来の営業活動によるキャッシュ・フローのプラスとなって、反映する可能性があります。一方、資金繰りが苦しいことによる資金調達は会社の将来に対して、不安を抱かせます。

　この点は他のキャッシュ・フローと合わせて、判断する必要があります。一般的に、財務活動によるキャッシュ・フローと営業活動によるキャッシュ・フローがプラスであり、投資活動によるキャッシュ・フローがマイナスの場合は、設備投資や新規事業のための資金調達と考えられるため、それほど問題はないと考えられます。

　一方、財務活動によるキャッシュ・フローと投資活動によるキャッシュ・フローがプラスであり、営業活動によるキャッシュ・フローがマイナスの場合は、本業で十分なキャッシュ・フローが生み出せていないと考えられるため、注意が必要です。

5

　財務活動によるキャッシュ・フローがマイナスの場合は、内容の理解が必要です。営業活動によるキャッシュ・フローと投資活動によるキャッシュ・フローがプラスの場合は、順調に配当を支払ったり、返済を行っていると考えられます。

　一方、営業活動によるキャッシュ・フローも投資活動によるキャッシュ・フローもマイナスの場合、必要な融資が受けられていない可能性もあるので要注意です。

【財務活動によるキャッシュ・フローのプラス、マイナス】

財務活動によるキャッシュ・フローがプラス
・営業活動によるキャッシュ・フローがプラスで投資活動によるキャッシュ・フローがマイナス→通常、設備投資や新規事業のための資金調達と考えられる。それほど問題はない
・投資活動によるキャッシュ・フローがプラスで営業活動によるキャッ

シュ・フローがマイナス→本業で十分なキャッシュ・フローが生み出せていない可能性があるので要注意

財務活動によるキャッシュ・フローがマイナス

・営業活動によるキャッシュ・フローと投資活動によるキャッシュ・フローがプラス→通常、順調に配当を支払ったり、返済を行っていると考えられる。問題はない

・営業活動によるキャッシュ・フローも投資活動によるキャッシュ・フローもマイナス→必要な融資が受けられていない可能性もあるので要注意。

第6章 決算書で目を通しておいた方が良い情報は？

事業や設備の状況

 財務三表の読み方がわかったら、決算書はもう読めると思っていいの?

 基本としては、十分だよ。後、いくつか目を通しておいた方が良い情報があるよ

連結グループでどのように事業を行っているのか?

　財務三表を読むことで、会社の経営成績、財政状態、キャッシュ・フローを理解することはできます。ただそれはあくまでも数字だけの話です。会社を深く理解するには、連結グループでどのように事業を分担して行っているのかも含めて理解する必要があります。

　有価証券報告書には、第1 企業の概況 3.【事業の内容】という項目があり、連結グループの間の事業の分担を明らかにしています。

▼【事業の内容】の記載箇所

項目	記載項目
第一部　企業情報	
第1　企業の概況	1.【主要な経営指標等の推移】 2.【沿革】 3.【事業の内容】← ここに記載されています 4.【関係会社の状況】 5.【従業員の状況】
第2　事業の状況	1.【経営方針、経営環境及び対処すべき課題等】 2.【サステナビリティに関する考え方及び取り組み】 3.【事業等のリスク】 4. 経営者による財政状態、経営成績及びキャッシュ・フローの状況の分析】 5.【経営上の重要な契約等】 6.【研究開発活動】
第3　設備の状況	1.【設備投資等の概要】 2.【主要な設備の状況】 3.【設備の新設、除却等の計画】
第4　提出会社の状況	1.【株式等の状況】 2.【自己株式の取得等の状況】 3.【配当政策】 4.【コーポレートガバナンスの状況等】
第5　経理の状況	1.【連結財務諸表等】 2.【財務諸表等】
第6　提出会社の株式事務の概要	株主名簿管理人、株主優待制度など
第7　提出会社の参考情報	1.【提出会社の親会社等の情報】 2.【その他の参考情報】
第二部　提出会社の保証会社等の情報	保証対象の社債、保証している会社の情報など

（出典：企業内容等の開示に関する内閣府令等から筆者作成）

6

▼【事業の内容】の開示例

3 【事業の内容】

当社の企業集団は、当社、子会社48社および関連会社4社で構成され、市乳、乳製品、アイスクリーム等の食品の製造販売を中心に、さらに飼料、プラント設備の設計施工、その他の事業活動を展開しております。当グループの事業に係わる各社の位置付けおよび事業の系統図は次のとおりです。

(1) 当グループの事業に係わる各社の位置付け

① 食品事業(市乳、乳製品、アイスクリーム、飲料など)

当社が製造販売するほか、当社が販売する商品の一部をエムケーチーズ㈱、横浜森永乳業㈱、冨士森永乳業㈱、東北森永乳業㈱ほか16社に委託製造を行っております。また、森永乳業販売㈱ほか15社は、主として当社より商品を仕入れ全国の得意先に販売しております。

② その他の事業(飼料、プラント設備施工など)

森永酪農販売㈱が飼料、㈱森乳サンワールドがペットフードの仕入販売を行っております。

森永エンジニアリング㈱ほか13社は、プラント設備の設計施工、不動産の賃貸、運輸倉庫業などを行っております。

(2) 事業の系統図

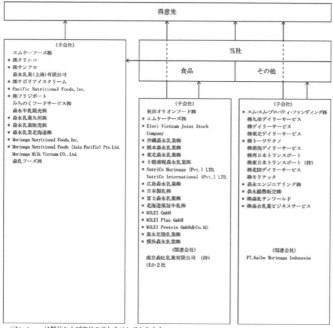

(注) 1．→は製品および商品の流れを示しております。

2．＊の会社は連結子会社、(持)の会社は持分法適用会社です。

3．重要性が増したことに伴い、Morinaga Nutritional Foods (Asia Pacific) Pte.Ltd.は、非連結子会社から連結子会社となりました。

4．前連結会計年度まで連結子会社であった株式会社東京デーリーは、2022年8月に保有株式を売却したことに伴い、連結子会社から除外いたしました。

5．前連結会計年度まで連結子会社であった株式会社シェフォーレは、2022年10月に株式会社フリジポートと合併いたしました。

6．NutriCo Morinaga (Pvt.) LTD.は2023年1月に株式を追加取得し、連結子会社となりました。

(出典：森永乳業2023年3月期有価証券報告書)

子会社がどんな役割を果たしているのか、よくわかるな

【事業の内容】は、企業グループで行っている事業、グループ企業を構成する会社の役割を示すものです。この後に続く、「関係会社の状況」では、関係会社の名称や資本金、事業内容、関係内容等が記載されています。

　上記の記載を読み解いてみます。

　まず、森永乳業グループは、親会社である森永乳業㈱、子会社48社と関連会社4社で構成されていることがわかります。

　次に、事業としては、①市乳、乳製品、アイスクリーム等の食品の製造販売を中心とし、②飼料、プラント設備の設計施工などを行っていることがわかります。

　食品事業について整理すると、各社の位置づけは、以下のようになります。

　森永乳業㈱が食品を製造販売するほか、森永乳業㈱が販売する商品の一部をエムケーチーズ㈱、横浜森永乳業㈱、富士森永乳業㈱、東北森永乳業㈱ほか16社に委託製造しています。森永乳業販売㈱ほか15社は、主として、森永乳業㈱から商品を仕入れ、全国の得意先に販売しています。

　以上を簡略化して図示すると以下のようになります。

▼簡略化した図

6

（出典：森永乳業2023年3月期有価証券報告書より筆者作成）

このように【事業の内容】を読めば、グループを構成している会社、行っている主な事業、さらにグループ内での役割を理解することができます。

　上記の説明では、わかりやすくするため、説明する事業を食品事業にしぼり、子会社等の名前も最小限にしました。

　実際の有価証券報告書の記載例では、②飼料、プラント設備の設計施工についても、事業の系統、各子会社の名称が詳細に記述されています。

　そのため、【事業の内容】を読んでおけば、ニュースなどで、子会社関連の情報が報道された場合、すぐさまその影響等について、考察することができるようになります。

どこにどんな設備を持っているのか？

　この数年、自然による災害が起こることも少なくありません。過去には、自然災害によって製造設備がストップし、業績に大きな影響が出た会社もありました。会社がどこにどんな設備を持っているのかについて、大まかに知っておくことは有用です。

　有価証券報告書の第3 設備の状況 2.【主要な設備の状況】には、生産設備等の主要な設備が所在地とともに開示されています。

▼【主要な設備の状況】の記載箇所

項目	記載項目
第一部　企業情報	
第1　企業の概況	1.【主要な経営指標等の推移】 2.【沿革】 3.【事業の内容】 4.【関係会社の状況】 5.【従業員の状況】
第2　事業の状況	1.【経営方針、経営環境及び対処すべき課題等】 2.【サステナビリティに関する考え方及び取り組み】 3.【事業等のリスク】 4. 経営者による財政状態、経営成績及びキャッシュ・フローの状況の分析】 5.【経営上の重要な契約等】 6.【研究開発活動】
第3　設備の状況	1.【設備投資等の概要】 2.【主要な設備の状況】 ── ここに記載されています 3.【設備の新設、除却等の計画】
第4　提出会社の状況	1.【株式等の状況】 2.【自己株式の取得等の状況】 3.【配当政策】 4.【コーポレートガバナンスの状況等】
第5　経理の状況	1.【連結財務諸表等】 2.【財務諸表等】
第6　提出会社の株式事務の概要	株主名簿管理人、株主優待制度など
第7　提出会社の参考情報	1.【提出会社の親会社等の情報】 2.【その他の参考情報】
第二部　提出会社の保証会社等の情報	保証対象の社債、保証している会社の情報など

6

(出典：企業内容等の開示に関する内閣府令等から筆者作成)

　それでは実際に生産設備等の主要な設備の所在地がどのように開示されているのか見てみましょう。

　製造業などの場合は、生産設備がどこにあるのか、そこの生産設備でどんな製品を製造しているのかを知ることが重要です。また、生産設備は親会社

だけが保有しているとは限りません。子会社が生産設備を保有している場合も、生産設備の所在地、そこの生産設備で製造している製品を同じように把握する必要があります。今回の事例には該当しませんが、重要な生産拠点を海外に置いている会社もありますので、在外子会社にも目を配るのを忘れないようにします。

▼ 主要な設備の状況

2 【主要な設備の状況】
　グループ（当社及び連結子会社）における主要な設備は、以下のとおりであります。
(1) 提出会社

(2023年3月31日現在)

事業所名 （所在地）	セグメントの名称	設備の内容	帳簿価額（百万円）						従業員数 （人）
			建物及び構築物	機械装置及び運搬具	土地 (面積㎡)	工具器具備品	リース資産	合計	
生産設備									
利根工場 （茨城県常総市）	食品事業	デザート・ヨーグルト・豆腐製造設備	16,085	21,966	1,540 (224,497)	162	9	39,764	301 〔34〕
東京多摩工場 （東京都東大和市）	食品事業	市乳・飲料・ヨーグルト・乳製品製造設備	5,254	9,091	14,018 (107,920)	143	4	28,513	274 〔6〕
神戸工場 （兵庫県神戸市灘区）	食品事業	市乳・飲料・乳飲料・ヨーグルト・流動食製造設備	12,113	12,873	1,437 (16,424)	406	40	26,871	259 〔8〕
中京工場 （愛知県江南市）	食品事業	市乳・飲料・アイスクリーム製造設備	2,773	3,780	1,579 (71,179)	67	45	8,246	208 〔128〕
別海工場 （北海道野付郡別海町）	食品事業	乳製品製造設備	3,191	3,483	34 (111,752)	53	43	6,806	146 〔20〕
大和工場 （東京都東大和市）	食品事業	乳製品・乳加工品製造設備	2,854	2,706	627 (40,173)	31	－	6,219	113 〔32〕
その他生産設備 5工場 北海道地区1 東北地区2 甲信越、東海地区2	食品事業 その他事業	飲料・アイスクリーム・乳製品・乳加工品製造設備	4,079	5,712	1,112 (232,842)	207	14	11,126	311 〔80〕
生産設備　計	－	－	46,353	59,613	20,351 (804,790)	1,072	157	127,548	1,612 〔308〕
その他の設備									
本社・その他 （東京都港区、目黒区、神奈川県座間市・他）	食品事業 その他事業	研究所建物・その他土地	6,123	472	13,072 (1,102,152)	767	44	20,480	969 〔103〕
支社・支店・センター 首都圏支社 （東京都港区） 他全国3支社・支店 （東北支店、中部支店、西日本支社）、関東および関西地区6センター（※）	食品事業	販売・物流機器ほか	450	75	1,243 (35,409)	785	260	2,815	744 〔114〕
合計	－	－	52,927	60,162	34,667 (1,942,352)	2,625	462	150,844	3,325 〔525〕

（※）　2023年4月1日付けにて組織改正を実施し、生産技術センターは本社組織となり、技術開発部に名称変更いたしました。また、同日付にて首都圏支社を東京支社に、中部支社を東海支社に、西日本支社を関西支社に名称変更し、東北支店、関東支店（群馬県高崎市）、北陸支店（石川県野々市市）、中四国支店（広島市）を含めた3支社4支店体制となりました。
（注）　1　帳簿価額には、建設仮勘定は含まれておりません。
　　　　2　神戸工場は神戸市より土地138,375㎡を賃借しております。

（出典：森永乳業2023年3月期有価証券報告書より一部抜粋）

3 その他の設備の「本社・その他」および「支社・支店・センター」に記載している土地の主なものは、次のとおりであります。

区分	面積(㎡)	金額(百万円)	区分	面積(㎡)	金額(百万円)
「本社・その他」			「支社・支店・センター」		
栃木県那須郡那須町	638,419	138	西日本支社 (岡山県岡山市他)	31,666	934
東京都葛飾区	66,794	154			
北海道恵庭市	55,598	9			
宮城県仙台市 宮城野区	39,358	1,372			
宮崎県宮崎市	38,626	737			

4 上記の他、一部建物等について連結会社以外の者から賃借しております。(15千㎡、495百万円／年)
5 上記の他、主な賃貸およびリース設備は、次のとおりであります。

区分 (所在地)	セグメントの名称	設備の内容	契約期間	年間リース料 (百万円)
生産設備 (各生産工場)	食品事業	市乳・飲料製造設備他	主として5年	71
その他の設備 (各事業所)	食品事業	大型コンピュータ 中小型コンピュータおよび パーソナルコンピュータ	4～5年	130

6 従業員数の〔 〕は、臨時従業員数を外書しております。

(出典：森永乳業2023年3月期有価証券報告書より一部抜粋)

設備について、こんなに詳しい情報を知ることができるんだ

まだ、親会社の分だけだよ。子会社の分はこの後に続くよ

6

(2) 国内子会社

会社名 事業所名 (所在地)	セグメントの名称	設備の内容	帳簿価額(百万円)						従業員数 (人)
			建物及び構築物	機械装置及び運搬具	土地 (面積㎡)	工具器具備品	リース資産	合計	
エム・エム・プロパティ・ファンディング㈱ (賃貸ビル) (東京都港区)	その他事業	賃貸ビル	346	0	9,984 (3,062)	13	―	10,344	― 〔-〕
㈱フリジポート 東京本社 (東京都千代田区) 他全国15センター (埼玉県北葛飾郡杉戸町他)・3工場 (千葉・九州・沖縄)・1支店(九州)	食品事業	共同配送センター・米飯・生鮮・デザート製造設備	3,717	861	661 (21,641)	76	904	6,220	266 〔1,150〕
森永北陸乳業㈱ 福井工場 他1工場 (福井県福井市他)	食品事業	菌末・アイスクリーム製造設備	2,643	2,670	220 (40,748)	78	1	5,614	115 〔16〕
エムケーチーズ㈱ 本社工場 (神奈川県綾瀬市)	食品事業	チーズ製造設備	1,594	2,915	453 (48,552)	54	14	5,032	178 〔-〕
横浜森永乳業㈱ 本社工場 (神奈川県綾瀬市)	食品事業	市乳・飲料製造設備	1,371	2,091	1,244 (38,390)	159	9	4,876	159 〔17〕
冨士森永乳業㈱ 本社工場 (静岡県駿東郡長泉町)	食品事業	アイスクリーム製造設備	1,159	1,873	1,253 (19,050)	42	―	4,329	113 〔109〕
東北森永乳業㈱ 仙台工場 他1工場 (宮城県仙台市宮城野区他)	食品事業	育児用食品・市乳・飲料製造設備	1,779	1,616	411 (44,245)	47	―	3,855	146 〔23〕
十勝浦幌森永乳業㈱ 本社工場 (北海道十勝郡浦幌町)	食品事業	生クリーム・市乳製造設備	1,442	1,271	73 (50,325)	27	2	2,817	67 〔-〕
広島森永乳業㈱ 本社工場 (広島県広島市安佐北区)	食品事業	市乳・アイスクリーム製造設備	966	1,337	643 (45,512)	28	9	2,985	96 〔56〕
熊本森永乳業㈱ 本社工場 (熊本県熊本市東区)	食品事業	市乳・飲料・練乳製造設備	647	1,002	799 (39,024)	39	9	2,499	138 〔20〕
沖縄森永乳業㈱ 本社工場 (沖縄県中頭郡西原町)	食品事業	市乳・飲料製造設備	1,195	521	520 (14,933)	30	5	2,272	92 〔5〕

(出典：森永乳業2023年3月期有価証券報告書より一部抜粋)

会社名 事業所名 (所在地)	セグメントの名称	設備の内容	帳簿価額(百万円)						従業員数(人)
			建物及び構築物	機械装置及び運搬具	土地(面積㎡)	工具器具備品	リース資産	合計	
森永乳業販売㈱ 東京本社 (東京都港区)他 全国8支店(東北、新潟、東京、東海、北陸、関西、中国、四国)・1センター(九州)	食品事業	販売物流機器他	683	30	1,251 (27,588)	39	53	2,059	259 〔2〕

(注) 1 帳簿価額には、建設仮勘定は含まれておりません。
　　 2 従業員数の〔 〕は、臨時従業員数を外書しております。

(3) 在外子会社

(2023年3月31日現在)

会社名 事業所名 (所在地)	セグメントの名称	設備の内容	帳簿価額(百万円)						従業員数(人)
			建物及び構築物	機械装置及び運搬具	土地(面積㎡)	工具器具備品	リース資産	合計	
MILEI GmbH 本社工場他1事務所 (ドイツ　ロイトキルヒ市)	食品事業	原料乳製品製造設備	9,704	17,617	247 (174,235)	495	—	28,064	293 〔-〕

(注) 1 帳簿価額には、建設仮勘定は含まれておりません。
　　 2 上記の他、主な賃貸およびリース設備は、次のとおりであります。

区分 (所在)	セグメントの名称	設備の内容	契約期間	年間リース料(百万円)
その他の設備 (ドイツ　ロイトキルヒ市)	食品事業	車両運搬具等	2～6年	69

　　 3 従業員数の〔 〕は、臨時従業員数を外書しております。

(出典：森永乳業2023年3月期有価証券報告書より一部抜粋)

6

　生産設備について、開示を読み解いてみます。

　まず、森永乳業㈱は、利根工場、東京多摩工場、神戸工場、中京工場、他に7工場を保有していることがわかります。また、工場によって、製造される商品も具体的にわかります。デザート、豆腐は利根工場で製造されていること、市乳は東京多摩工場、神戸工場、中京工場で製造されていることがわかります。

▼ 国内の工場

佐呂間工場
別海工場
盛岡工場
松本工場
福島工場
神戸工場　中京工場
利根工場
多摩サイト
東京多摩工場
大和工場
富士工場

（出典：森永乳業ホームページ（https://saiyo.morinagamilk.co.jp/aboutus/factory_list.html）
をもとに作成）

　次に子会社です。千葉、九州、沖縄に工場を持つ㈱フリジポートをはじめ
として、10社が工場を有しています。また、エムケーチーズ㈱がチーズを製
造していることもわかります。その他、ドイツのロイトキルヒ市にも原料乳
製品を製造する工場があることがわかります。

　開示情報を読み解くと、どの場所でどんな製品が製造されているのかが
わかります。そのため、ある地域で大規模な災害が発生した場合、ある原材
料の価格が高騰した場合、どんな影響があるのかを予想しやすくなります。

　また、第3 設備の状況 3.【設備の新設、除却等の計画】には、今後会社が
行う設備の新設、除却計画が記載されています。この計画を読むことで、今
後の会社の生産計画などを知ることも可能です。

▼設備の新設、除却等の計画

3 【設備の新設、除却等の計画】

(1) 重要な設備の新設等

当連結会計年度末における設備の新設、拡充、改修等の計画のうち、重要なものは次のとおりであります。

会社名 事業所名	所在地	セグメントの名称	設備の内容	資金調達方法	投資予定金額		着手及び完了予定年月	
					総額 (百万円)	既支払額 (百万円)	着手	完了
当社 佐呂間工場	北海道 常呂郡 佐呂間町	食品事業	乳製品製造設備	自己資金 借入金等	4,315	547	2021年 8月	2023年 10月
当社 神戸工場	兵庫県 神戸市	食品事業	製造棟増築	自己資金 借入金等	15,475	320	2021年 10月	2024年 4月
当社 利根工場	茨城県 常総市	食品事業	ヨーグルト製造 設備	自己資金 借入金等	4,890	460	2022年 6月	2024年 4月
当社 神戸工場	兵庫県 神戸市	食品事業	ヨーグルト製造 設備	自己資金 借入金等	3,805	47	2022年 7月	2024年 10月
当社 東京多摩工場 など	東京都 東大和市	食品事業	市乳製造設備	自己資金 借入金等	4,240	－	2023年 3月	2026年 4月
連結子会社 MILEI GmbH	ドイツ ロイトキ ルヒ市	食品事業	省エネ設備／品 質改善向け設備	自己資金 借入金等	37.5百万 ユーロ	－	2022年 12月	2025年 3月

(注) 当社の本社が入居する森永プラザビルの建替えについては2022年5月に決定いたしましたが、投資金額、時期などは未定であります。

(2) 重要な設備の除却等

当連結会計年度末における設備の除却、売却等の計画のうち、重要なものは次のとおりであります。

会社名 事業所名	所在地	セグメントの名称	設備の内容	売却等の 予定年月
当社 東京工場	東京都葛飾区	食品事業	土地	2023年4月

(注) 2023年4月に売却済みであります。

(出典：森永乳業 2023年3月期有価証券報告書より一部抜粋)

6

　【設備の新設、除却等の計画】を見ると、利根工場、神戸工場にヨーグルト製造設備を新設することから、会社は今後ヨーグルトの生産・販売を拡大しようとしていることがわかります。また、東京工場を売却していることから、今後生産拠点を他の工場に移すこともわかります。

どこにどんな設備を持っているのか、ここまで情報開示しているんだ

どんな研究開発を行っているか？

　この数年、どの分野においても技術革新は目覚ましいものがあります。気がつくと、会社が業界全体から出遅れているということが起きても不思議ではありません。会社がどんな研究開発に力を入れているのかは、将来の会社の命運を分けることもあります。

　有価証券報告書の第2 事業の状況 6.【研究開発活動】には、会社の行っている研究開発活動がその会計期間に費用となった金額とともに開示されています。

【研究開発活動】を読めば、会社が将来に向けて、どんな研究開発を行っているのか、わかるんだ

やっぱり、過去の数字ばかり見ているより、未来の話を読む方がわくわくするなぁ

▼【研究開発活動】の記載箇所

項目	記載項目
第一部　企業情報	
第1　企業の概況	1.【主要な経営指標等の推移】 2.【沿革】 3.【事業の内容】 4.【関係会社の状況】 5.【従業員の状況】
第2　事業の状況	1.【経営方針、経営環境及び対処すべき課題等】 2.【サステナビリティに関する考え方及び取り組み】 3.【事業等のリスク】 4.経営者による財政状態、経営成績及びキャッシュ・フローの状況の分析】 5.【経営上の重要な契約等】 6.【研究開発活動】　ここに記載されています
第3　設備の状況	1.【設備投資等の概要】 2.【主要な設備の状況】 3.【設備の新設、除却等の計画】
第4　提出会社の状況	1.【株式等の状況】 2.【自己株式の取得等の状況】 3.【配当政策】 4.【コーポレートガバナンスの状況等】
第5　経理の状況	1.【連結財務諸表等】 2.【財務諸表等】
第6　提出会社の株式事務の概要	株主名簿管理人、株主優待制度など
第7　提出会社の参考情報	1.【提出会社の親会社等の情報】 2.【その他の参考情報】
第二部　提出会社の保証会社等の情報	保証対象の社債、保証している会社の情報など

（出典：企業内容等の開示に関する内閣府令等から筆者作成）

6

▼研究開発活動

6 【研究開発活動】

(1)研究方針

　乳で培った技術を活かし、「おいしさ・楽しさ」「健康・栄養」「安全・安心」の面から研究開発に取り組むことで、サステナブルな社会の実現と世界中の人々の笑顔あふれる生活に貢献していくことをミッションとしています。

　当社グループの研究開発体制は、以下のとおりです。

〔研究本部〕

◆ 研究企画部

　研究本部における機能横断的部門として、研究開発の発展に必要な学術情報の収集発信、臨床試験支援、研究広報活動や庶務、設備メンテナンスなどの管理業務を行っています。

◆ 食品開発研究所

　独自の製造技術やノウハウを活かして、「おいしさ・楽しさ」と「健康・栄養」の両立を目指した飲料やヨーグルト、アイスクリーム、チーズ、デザート、ウェルネス食品、それらを守る容器包装の研究開発に取り組んでいます。

◆健康栄養科学研究所

　年代別、病態別に必要な栄養および健康に関する研究を行い、国内外向けの育児用ミルク、妊産婦向け食品、流動食、栄養補助食品など医療・介護施設向け食品の研究開発に取り組んでいます。

◆ 素材応用研究所

　ビフィズス菌や乳酸菌、ラクトフェリン、ペプチド、ラクチュロースなどの素材が持つ機能性の探索から、エビデンスの取得、これらの素材を分析や製造するための技術開発、素材を応用した高付加価値製品の研究開発に取り組んでいます。

◆ 基礎研究所

　ビフィズス菌や腸内フローラを中心に世界で通じる基礎研究を行い、新たなプロバイオティクスやプレバイオティクスなどの素材の探索、新規機能性の発見、健康との関連性について研究しています。

◆ フードソリューション研究所

　自社製品をどう活用できるか、お客さまの視点で味覚や食感を評価し、レシピを提案して、より良い商品づくりに繋げています。また、バターやクリーム、脱脂粉乳などの乳製品開発や豆腐を中心とした植物性食品の開発も行っています。

〔生産本部〕

◆生産技術センター

　より良い商品を安全に効率よく生産し、環境に配慮した装置・システムを中心とした「生産技術」の研究開発を行っています。AI・IoT、ロボットなどの先端技術を応用した生産ラインの自動化・省人化、省エネ・水資源・廃棄物などの環境課題への挑戦、ローコストオペレーションおよび高品質とおいしさの両立などに取り組んでいます。

※2023年4月1日付けにて組織改正を実施し、生産技術センターは本社組織となり、技術開発部に名称変更しております。

(2)研究開発費

　当連結会計年度における当社グループの研究開発費の総額は5,558百万円であり、セグメント別には以下のとおりです。

食品	5,544百万円
その他	13　〃
計	5,558　〃

(3)主な研究開発活動

①飲料

　気分、シーンに合った嗜好性を重視した商品と、健康志向の高まりに応えるべく栄養バランスのサポートや健康にも配慮した商品を開発・発売しました。

◆「マウントレーニア」シリーズ‥‥「ブラック無糖」（2023年4月発売）、「カフェラッテ キャラメルギフト」など

（出典：森永乳業2023年3月期有価証券報告書より一部抜粋）

◆「マウントレーニア プラントベース」シリーズ‥‥動物性原料不使用で、コーヒー飲料としては初めて、NPO法人ベジプロジェクトジャパンの定めるヴィーガン認証を取得した「オーツラテ」
◆「リプトン」ブランドシリーズ‥‥「ジャスミンミルクティー」（2023年4月発売）、「グレープティーパンチ」や、お客さまの熱望にお応えして復活させた「ミルクティー」など
◆「森永のおいしい牛乳」シリーズ‥‥ミルクにこだわった甘くないミルク珈琲「森永のおいしいミルク珈琲」（2023年4月発売）
◆「SU-PROTTY（スプロティ）」（2023年4月発売）‥‥1本で10gのたんぱく質を摂取できる、りんご酢ベースのビネガードリンク
◆「PREMiL Red 脂肪0」‥‥「BMIが高めの方の体脂肪を減らす」機能があることが報告されているローズヒップ由来ティリロサイドを配合した機能性表示食品の乳飲料

② デザート
　科学的根拠に基づいて「おいしく、楽しく食べて、健康に」を啓蒙する食・楽・健康協会の趣旨に賛同して、"低糖質でも大満足のおいしさ"の追求や生活者が抱える健康課題に配慮した商品設計のプリンを開発・発売しました。
◆「おいしい低糖質プリン」シリーズ‥‥「おいしい低糖質プリン チーズケーキ」
◆ 4個パックデザート‥‥1食当たりが適量な「森永なめらかカスタードプリン」、「森永牛乳プリン」、「おいしい低糖質プリンカスタード」

③ ヨーグルト
　ビフィズス菌等の当社独自の素材や技術を活かし、おいしさと健康・栄養を兼ね備えた商品を開発・発売しました。
◆「ビヒダス ヨーグルト」シリーズ‥‥「オートミール＆食物繊維入り 4ポット」、「KF ドリンクタイプ」（機能性表示食品）、「便通改善 脂肪ゼロ（ドリンクタイプ/個食タイプ）」（機能性表示食品）、「ざく盛りフルーツ」
◆「ギリシャヨーグルト パルテノ」シリーズ‥‥「キウイ＆アップルソース入」、「蜜レモンソース入」、「とろとろ洋梨ソース入」、「オレンジソース入」、「旬摘み白桃ソース入」、「パッションフルーツソース付」、「夏みかんソース入り」
◆「森永アロエヨーグルト」シリーズ‥‥「脂肪0（ゼロ）満足の200g」、「1日分の鉄分 プルーン味2連」
◆「ゴロッと」シリーズ‥‥「ゴロっとパインのむヨーグルト」、「ゴロっと白桃＆黄桃のむヨーグルト」
◆「森永果実酢とりんごのヨーグルト」‥‥果実酢とフルーツヨーグルトのいいとこどりができる新しいヨーグルト

④アイスクリーム・氷菓
　最近の流行を取り入れつつ、高級感、贅沢感、新食感、濃厚な風味、満足感といった嗜好性へのこだわりを持った商品を開発・発売しました。
◆「ピノ」シリーズ‥‥「香り華やぐミルクティー」、「モンブラン」など
◆「PARM（パルム）」シリーズ‥‥「安納芋」、「ジェラート巨峰」など
◆「MOW（モウ）」シリーズ‥‥「白桃ミルク」など
◆「MOW PRIME（モウ プライム）」シリーズ‥‥「クッキー＆クリーム」、「ダブル北海道あずき」など
◆「森永アロエヨーグルト味バー」‥‥2021年、2022年と期間限定・数量限定にて発売し、お客さまからのお声を受けて、6本入りのマルチパックタイプで新たに全国発売
◆「森永 れん乳」シリーズ‥‥「森永れん乳アイス メロンソーダフロート」

⑤ チーズ
　食感、うま味、風味に配慮したチーズを開発・発売しました。
◆「クラフト 強烈旨辛スライスチーズ5枚」‥‥強烈な辛みとチーズの旨味を組み合わせたスライスチーズです。
◆「クラフト 魚Chee（ウオチー）」シリーズ（2023年4月発売）‥‥"魚介とチーズのダブルの旨み"と"食感のある魚介珍味の具入り"チーズ「クラフト 魚Chee（ウオチー）燻製カツオ」、「クラフト 魚Chee（ウオチー）ピリ辛マグロ」
◆「フィラデルフィアme（ミー）6P」シリーズ‥‥「クリームチーズ＆アーモンド」、「クリームチーズ＆ピスタチオ」

（出典：森永乳業2023年3月期有価証券報告書より一部抜粋）

6

⑥ヘルスケア・健康・栄養食品

　乳幼児から大人、高齢者にとって、より良い健康生活を提案できる栄養食品群の研究開発を推進しています。

◆「睡眠改善」‥‥"L-テアニン"を関与成分とし、睡眠の質を改善（起床時の疲労感を軽減）することを表示した機能性表示食品のドリンク

◆「ミライPlusプロテイン ミルクココア味 ホエイ＆ソイプロテインパウダー」‥‥タイで古くから滋養や健康維持に役立つとされてきたブラックジンジャーに由来する機能性関与成分を使用し、特長の異なるホエイ（乳たんぱく）とソイ（大豆たんぱく）の2種類のプロテインをミックス

◆「トリプルサプリ やさしいミルク味」‥‥『血圧・血糖値・中性脂肪』が気になる方に向けた機能性表示食品の粉末サプリメント

◆「楽歩習慣 グルコサミンプラス」‥‥「歩行や階段の上り下りにおけるひざ関節の悩みを改善する」機能が報告されている機能性関与成分N-アセチルグルコサミンを配合した機能性表示食品の清涼飲料水

◆「ミルク生活GOLD」‥‥「ミルク生活プラス」に比べ、ラクトフェリン・ビフィズス菌BB536・シールド乳酸菌®を2倍量配合した通信販売限定商品

◆「森永マミーゼリー」‥‥育ち盛りのお子さまの成長を応援するカルシウム、鉄分、ビタミンD、当社独自の機能性素材である「シールド乳酸菌®」を100億個配合したゼリー飲料

◆「はぐくみ液体ミルク」‥‥調乳が不要で、持ち運びが便利なアルミパウチ入り液体育児用ミルク（100ml）

⑦ 他社とのコラボレーション

◆森永製菓株式会社（本社：東京都港区、代表取締役社長：太田栄二郎）
　・「in（イン）プロテイン」シリーズ‥‥飲料では「ストロベリーヨーグルト風味」、「抹茶オレ風味」、「オレンジヨーグルト風味」、「ベリーミックスオレ風味」、「ピーチヨーグルト風味」、「バニラ風味」、ドリンクヨーグルトでは「森永ラムネ風味」、「キウイ風味」、「バナナミックス風味」
　・「森永甘酒ヨーグルト」シリーズ‥‥「春夏限定仕込み」、「脂肪ゼロ」
　・その他‥‥「リプトン 森永ミルクキャラメル紅茶ラテ」（期間限定）、カップ飲料「森永ラムネ」

◆株式会社東ハト（本社：東京都豊島区 代表取締役社長：飯島幹雄）‥‥株式会社東ハトの「キャラメルコーン」とコラボレートしたバーアイス「キャラメルコーンアイスバー」（期間限定）

◆岩下食品株式会社（本社：栃木県栃木市、代表取締役社長：岩下和了）‥‥岩下食品株式会社の「岩下の新生姜」とコラボレートしたドリンク「岩下の新生姜 ピンクジンジャーアップル」（期間限定）

◆山崎製パン株式会社（本社：東京都千代田区、代表取締役社長：飯島延浩）‥‥山崎製パン株式会社の「ランチパック」シリーズなどの菓子パンと「森永のおいしい牛乳」がコラボレートした「ランチパック（ミルク）」、「生ドーナツ（牛乳ホイップ）」、「生クロワッサン（牛乳ホイップ）」（2023年4月より期間限定）

⑧ 生産技術

　自社工場内の衛生レベル維持向上を目的に、微酸性次亜塩素酸水生成装置「PURE（ピュア）STER（スター）」を開発（生成方法特許取得）し、現在では自社ならびに関係会社の工場で使用し、品質管理に役立てると共に、1996年より社外に対して工業向けに「PURESTER」シリーズの販売を開始し、2002年に食品添加物の殺菌料に指定されました。

◆「PURE（ピュア）STER（スター）」シリーズ‥‥‥これまでスペースが確保できずに設置できなかった福祉施設や老健施設、保育園などを対象にしたシリーズ過去最小型の微酸性次亜塩素酸水生成装置「コンパクトピュアスターCP・180」を開発

⑨ 学術・研究

〔ビフィズス菌〕

◆「ビフィズス菌BB536」が3歳未満向けの乳幼児用食品に使用が認められたプロバイオティクス〔国家食品安全风险评估中心（China National Center for Food Safety Risk Assessment）HP掲載・公告（2021年10月28日）〕として、日本企業で唯一中国・国家衛生健康委員会の審査制度において、中国「新食品原料」に5月11日付けで登録〔关于莱菌衣薬等36种"三新食品"的公告（2022年第2号）〕。

◆「ビフィズス菌MCC1274」（2022年7月GRN No.1002）「ビフィズス菌M-63」（2022年4月GRN No.1003）の2つの菌株が、一般食品向け用途で米国GRAS（Generally Recognized as Safe）を取得。また、「ビフィズス菌M-63」は、乳児向けの用途でも取得。なお、ビフィズス菌でGRASを取得しているのは森永乳業が日本企業唯一〔FDA GRAS Notices（2022年7月22日時点）〕。

（出典：森永乳業2023年3月期有価証券報告書より一部抜粋）

◆ 3日間のラクチュロース摂取が大腸内のビフィズス菌を増やすことを確認した研究成果が、科学誌「Microorganisms」の特集「アジアにおける最先端の腸内細菌研究」の一つとして掲載（2022年8月26日）。

◆京都大学、ジョージア工科大学（米国）、サンフォードバーナムプレビス医療研究機関（米国）、新潟大学、滋賀県立大学、京都女子大学、帯広畜産大学、コーク大学（アイルランド）との共同研究により、母乳栄養児の腸内に多くすむビフィズス菌4種（乳児型ビフィズス菌；*B. bifidum*、*B. longum subsp. infantis*、*B. longum subsp. longum*、*B. breve*）のコミュニティー形成について、乳児型ビフィズス菌の腸内への到達順序とヒトミルクオリゴ糖の利用能力が最終的なビフィズス菌コミュニティー形成に大きく影響することを明らかにした研究成果が、科学誌「The ISME Journal」に2022年6月29日に掲載。

◆腸内環境が崩れやすいと言われている陸上競技者100人に「ビヒダス ヨーグルト 便通改善」を3日間トライアルしていただいた調査で、80%のアスリートが満足との回答。

◆松本市立病院との共同研究で実施した臨床試験において、ビフィズス菌M-63に健常な正期産児の腸内環境を改善させる効果が明らかになり、この研究成果が科学誌「Nutrients」に2023年3月14日に掲載。

〔乳酸菌〕

◆ 長野県松本市（松本ヘルス・ラボ）、松本短期大学との産官学連携で実施した臨床試験において、「はぴねす乳酸菌®」（*Lactobacillus helveticus* MCC1848加熱殺菌体）が前向きな気分を維持する効果があることが示唆された（結果解釈は松本市立病院院長・中村雅彦先生ご指導）研究成果を、「*Lactobacillus helveticus*摂取が健常成人の気分状態に及ぼす影響」と題して酪農科学シンポジウム2022（2022年9月9日）にて発表。

〔腸内細菌〕

◆春先に感じる不調に関する意識と実態を明らかにするため、16歳から65歳までの男女1,000名を対象に「春先の不調に関する実態調査」を実施した結果、6割の人が、春先に心身の疲れやダルさ、気分の落ち込みを感じ、さらに、大腸に不調を抱える人ほど「春ダル」を感じる相関関係も明らかに。

◆順天堂大学と人々の健康と深く関係があるといわれている腸内フローラの研究を通じて、様々な疾患の原因解明とその予防に貢献するべく、順天堂大学大学院医学研究科に共同研究講座「腸内フローラ研究講座」を開設しました。

〔その他〕

◆ 甲南女子大学 医療栄養学部 医療栄養学科（木戸康博教授、小川亜紀助教）との共同研究によって、ギリシャヨーグルトの摂取が若年成人女性の体組成の改善に寄与する可能性があることを確認した研究結果を、第8回アジア栄養士会議（The 8th Asian Congress of Dietetics）（2022年8月19日～21日）にて共同研究先の小川亜紀助教が発表。

⑩ 表彰

◆「クリープ」が「ワールド・ブランディング・アワーズ」のクリーマー（乳製品）部門において「ブランド・オブ・ザ・イヤー」を受賞。クリーマー（乳製品）部門にノミネートされた商品で受賞したのは、「クリープ」が世界初。

◆ 長年にわたり先天性代謝異常症等向け特殊ミルクの安定的な製造・供給を続け、社会に貢献する企業として厚生労働大臣より感謝状が贈呈。なお、同じく特殊ミルクを製造・供給してきた株式会社明治と雪印メグミルク株式会社にも感謝状が贈呈。

◆ 日本農芸化学会2023年度大会にて、認知機能改善作用を有するビフィズス菌MCC1274の開発と事業化において「農芸化学技術賞」を、ヒトに棲息するビフィズス菌を中心とした腸内細菌に関する研究において、当社の堀米綾子が「農芸化学女性企業研究者賞」をそれぞれ受賞しました。

（出典：森永乳業2023年3月期有価証券報告書より一部抜粋）

会社が将来に向けてどんな研究開発しているのかがわかるね

【研究開発活動】を見ると、森永乳業㈱はグループ全体で研究開発費として、55億5,800万円を計上しています。

6

研究開発は研究本部と生産本部で行われます。研究本部には、研究企画部のほか、食品開発研究所など5つの研究所が所属します。生産本部は商品を安全に効率よく生産する生産技術の研究開発を行います。

▼森永乳業㈱の研究開発組織

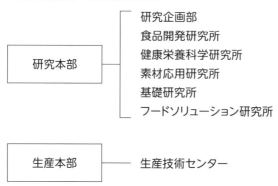

（森永乳業2023年3月期有価証券報告書より筆者作成）

　研究開発は、①飲料②デザート③ヨーグルト④アイスクリーム、氷菓⑤チーズなどの商品の開発、販売、乳幼児から大人、高齢者により良い健康生活を提案できる⑥ヘルスケア・健康・栄養食品の研究開発も推進しています。
　認知機能改善作用を有するビフィズス菌MCC1274の開発と事業化も行っていることがわかります。
　会社の研究開発の内容に目を通すことによって、会社の将来の商品・製品を予測し、将来の社会的な需要との適合性などを検討し、会社の将来の業績を考えることができます。

　また、会社の取り組んでいる研究開発活動を理解することで、会社の将来性についても具体的なイメージを持つことができます。
　会社の現状について理解できるようになったら、次は、第2 事業の状況1.【経営方針、経営環境及び対処すべき課題等】3.【事業上のリスク】に目を通すことをお勧めします。会社がどのような点を課題、リスクと考えているのかがわかり、業界全体の置かれている位置も理解することができます。

2 セグメント情報

 結局、連結財務諸表って、子会社や関連会社を合わせた書類だよね。本業が一つの場合は、連結損益計算書もわかりやすいだろうけれど、いろんな事業を行っている会社の場合はわかりづらいね

 事業ごとの状況などがわかるようにセグメント情報が開示されているんだ

どんな事業を連結グループは行っているのか？

　連結財務諸表は親会社だけではなく、子会社や関連会社の数字を合わせた資料です。そのため、どの事業でどれだけの利益を上げているのかが、わかりづらくなっています。

　その点を補足するのがセグメント情報です。

6

 セグメント情報を見ると事業ごとの状況がよくわかるな

▼セグメント情報の開示例

当連結会計年度（自 2022年3月1日 至 2023年2月28日）

（単位：百万円）

	報告セグメント						計	調整額	連結財務諸表計上額
	国内コンビニエンスストア事業	海外コンビニエンスストア事業	スーパーストア事業	百貨店・専門店事業	金融関連事業	その他の事業			
営業収益									
外部顧客への営業収益	888,216	8,843,366	1,444,627	460,564	164,898	9,068	11,810,741	561	11,811,303
セグメント間の内部営業収益又は振替高	2,077	2,797	4,537	3,174	29,397	16,976	58,960	△58,960	—
計	890,293	8,846,163	1,449,165	463,739	194,295	26,044	11,869,702	△58,398	11,811,303
セグメント利益又は損失（△）	232,033	289,703	12,107	3,434	37,140	△466	573,953	△67,432	506,521
セグメント資産	1,204,038	5,764,895	983,632	526,288	1,905,942	39,473	10,424,270	126,685	10,550,956
セグメント負債（有利子負債）	—	1,703,683	—	152,299	279,839	—	2,135,823	839,974	2,975,797
その他の項目									
減価償却費	85,553	192,968	35,389	14,034	32,227	950	361,124	14,973	376,097
のれん償却額	—	108,756	3,098	462	381	—	112,700	—	112,700
持分法適用会社への投資額	9,801	8,072	7,721	12,059	933	4,217	42,806	—	42,806
減損損失	8,918	9,816	15,589	13,331	78	92	47,826	1,124	48,950
有形固定資産及び無形固定資産の増加額	88,873	188,641	51,921	17,360	30,851	468	378,115	38,250	416,366

（注）
1. セグメント利益の調整額△67,432百万円は、セグメント間取引消去及び全社費用であります。
2. セグメント資産の調整額126,685百万円は、セグメント間取引消去及び全社資産であります。
3. セグメント負債の調整額839,974百万円は、全社負債であり、当社の社債等であります。なお、各報告セグメントの残高は、内部取引消去後の金額であります。
4. 減価償却費の調整額14,973百万円は、全社資産に係る減価償却費であります。
5. 有形固定資産及び無形固定資産の増加額の調整額38,250百万円は、セグメント間取引消去及び全社資産に係る増加額であります。
6. セグメント利益は、連結損益計算書の営業利益と調整を行っております。
7. 連結損益計算書においては、上記減損損失の内、5,530百万円が「事業構造改革費用」に含まれております。

（出典：セブン＆アイホールディングス2023年2月期有価証券報告書）

事業ごとに分けてくれるとわかりやすいね

　セグメント情報を開示するセグメントを**報告セグメント**といいます。上記の例では、事業を6つのセグメントに分けて、それぞれ数字を開示しています。

　セグメント情報は、連結損益計算書に対応する情報、連結貸借対照表に対応する情報が混在して表示されているため、初めて見る方にはわかりづらい資料かもしれません。

最初に、セブン&アイホールディングス2023年2月期のセグメント情報を例に開示されている情報をどのように見るのか説明します。

▼営業収益とセグメント利益または損失

当連結会計年度（自 2022年3月1日 至 2023年2月28日）

連結損益計算書に対応する情報

（単位：百万円）

	報告セグメント						計	調整額	連結財務諸表計上額
	国内コンビニエンスストア事業	海外コンビニエンスストア事業	スーパーストア事業	百貨店・専門店事業	金融関連事業	その他の事業			
営業収益									
外部顧客への営業収益	888,216	8,843,366	1,444,627	460,564	164,898	9,068	11,810,741	561	11,811,303
セグメント間の内部営業収益又は振替高	2,077	2,797	4,537	3,174	29,397	16,976	58,960	△58,960	—
計	890,293	8,846,163	1,449,165	463,739	194,295	26,044	11,869,702	△58,398	11,811,303
セグメント利益又は損失（△）	232,033	289,703	12,107	3,434	37,140	△466	573,953	△67,432	506,521
セグメント資産	1,204,038	5,764,895	983,632	526,288	1,905,942	39,473	10,424,270	126,685	10,550,956
セグメント負債（有利子負債）	—	1,703,683	—	152,299	279,839	—	2,135,823	839,974	2,975,797
その他の項目									
減価償却費	85,553	192,968	35,389	14,034	32,227	950	361,124	14,973	376,097
のれん償却額	—	108,756	3,098	462	381	—	112,700	—	112,700
持分法適用会社への投資額	9,801	8,072	7,721	12,059	933	4,217	42,806	—	42,806
減損失	8,918	9,816	15,589	13,331	78	92	47,826	1,124	48,950
有形固定資産及び無形固定資産の増加額	88,873	188,641	51,921	17,360	30,851	468	378,115	38,250	416,366

（注） 1 セグメント利益の調整額△67,432百万円は、セグメント間取引消去及び全社費用であります。
　　　 2 セグメント資産の調整額126,685百万円は、セグメント間取引消去及び全社資産であります。
　　　 3 セグメント負債の調整額839,974百万円は、全社負債であり、当社の社債等であります。なお、各報告セグメントの残高は、内部取引消去後の金額であります。
　　　 4 減価償却費の調整額14,973百万円は、全社資産に係る減価償却費であります。
　　　 5 有形固定資産及び無形固定資産の増加額の調整額38,250百万円は、セグメント間取引消去及び全社資産に係る増加額であります。
　　　 6 セグメント利益は、連結損益計算書の営業利益と調整を行っております。
　　　 7 連結損益計算書においては、上記減損損失の内、5,530百万円が「事業構造改革費用」に含まれております。

（出典：セブン&アイホールディングス2023年2月期有価証券報告書より筆者作成）

6

最初に記載される「営業収益」「セグメント利益又は損失（△）」は連結損益計算書に対応する情報です。

会社は、同じグループ内の部門間で取引を行う場合もあります。営業収益は、連結グループ外部の顧客への営業収益とセグメント間取引で生じた収益とに分けて記載されます。

「セグメント利益又は損失（△）」には、セグメント間取引で生じた利益又は損失も計上されていますが、調整額で消去され外部顧客との取引で生じた利益又は損失だけが集計されます。

「営業収益」「セグメント利益又は損失（△）」のそれぞれの連結財務諸表計上額は、連結損益計算書に計上されている金額と一致します。

▼セグメント情報と連結損益計算書

当連結会計年度（自　2022年3月1日　至　2023年2月28日）

（単位：百万円）

	報告セグメント						計	調整額	連結財務諸表計上額
	国内コンビニエンスストア事業	海外コンビニエンスストア事業	スーパーストア事業	百貨店・専門店事業	金融関連事業	その他の事業			
営業収益									
外部顧客への営業収益	888,216	8,843,366	1,444,627	460,564	164,898	9,068	11,810,741	561	11,811,303
セグメント間の内部営業収益又は振替高	2,077	2,797	4,537	3,174	29,397	16,976	58,960	△58,960	—
計	890,293	8,846,163	1,449,165	463,739	194,295	26,044	11,869,702	△58,398	11,811,303
セグメント利益又は損失（△）	232,033	289,703	12,107	3,434	37,140	△466	573,953	△67,432	506,521
セグメント資産	1,204,038	5,764,895	983,632	526,288	1,905,942	39,473	10,424,270	126,685	10,550,956
セグメント負債（有利子負債）	—	1,703,683	—	152,299	279,839	—	2,135,823	839,974	2,975,797
その他の項目									
減価償却費	85,553	192,968	35,389	14,034	32,227	950	361,124	14,973	376,097
のれん償却額	—	108,756	3,098	462	381	—	112,700	—	112,700
持分法適用会社への投資額	9,801	8,072	7,721	12,059	933	4,217	42,806	—	42,806
減損損失	8,918	9,816	15,589	13,331	78	92	47,826	1,124	48,950
有形固定資産及び無形固定資産の増加額	88,873	188,641	51,921	17,360	30,851	468	378,115	38,250	416,366

（注）1　セグメント利益の調整額△67,432百万円は、セグメント間取引消去及び全社費用であります。
　　　2　セグメント資産の調整額126,685百万円は、セグメント間取引消去及び全社資産であります。
　　　3　セグメント負債の調整額839,974百万円は、全社負債であり、当社の社債等であります。なお、各報告セグメントの残高は、内部取引消去後の金額であります。
　　　4　減価償却費の調整額14,973百万円は、全社資産に係る減価償却費であります。
　　　5　有形固定資産及び無形固定資産の増加額の調整額38,250百万円は、セグメント間取引消去及び全社資産に係る増加額であります。
　　　6　セグメント利益は、連結損益計算書の営業利益と調整を行っております。
　　　7　連結損益計算書においては、上記減損損失の内、5,530百万円が「事業構造改革費用」に含まれております。

②【連結損益計算書及び連結包括利益計算書】
【連結損益計算書】

（単位：百万円）

	前連結会計年度（自　2021年3月1日　至　2022年2月28日）	当連結会計年度（自　2022年3月1日　至　2023年2月28日）
営業収益	8,749,752	※1 11,811,303
売上高	7,429,576	10,265,151
売上原価	6,017,372	8,503,617
売上総利益	1,412,203	1,761,534
営業収入	※2 1,320,175	※2 1,546,151
営業総利益	2,732,379	3,307,685
販売費及び一般管理費		
宣伝装飾費	123,214	97,091
従業員給与・賞与	564,770	696,197
賞与引当金繰入額	13,861	14,314
退職給付費用	14,045	13,812
法定福利及び厚生費	75,217	81,495
地代家賃	396,241	441,127
減価償却費	279,082	363,564
水道光熱費	121,954	185,724
店舗管理・修繕費	92,481	162,768
その他	663,854	745,068
販売費及び一般管理費合計	2,344,726	※4·※8 2,801,164
営業利益	387,653	506,521

（出典：セブン＆アイホールディングス2023年2月期有価証券報告書より筆者作成）

▼セグメント資産とセグメント負債

当連結会計年度（自 2022年3月1日 至 2023年2月28日）　（単位：百万円）

連結貸借対照表に対応する情報

	報告セグメント						計	調整額	連結財務諸表計上額
	国内コンビニエンスストア事業	海外コンビニエンスストア事業	スーパーストア事業	百貨店・専門店事業	金融関連事業	その他の事業			
営業収益									
外部顧客への営業収益	888,216	8,843,366	1,444,627	460,564	164,898	9,068	11,810,741	561	11,811,303
セグメント間の内部営業収益又は振替高	2,077	2,797	4,537	3,174	29,397	16,976	58,960	△58,960	―
計	890,293	8,846,163	1,449,165	463,739	194,295	26,044	11,869,702	△58,398	11,811,303
セグメント利益又は損失（△）	232,033	289,703	12,107	3,434	37,140	△466	573,953	△67,432	506,521
セグメント資産	1,204,038	5,764,895	983,632	526,288	1,905,942	39,473	10,424,270	126,685	10,550,956
セグメント負債（有利子負債）	―	1,703,683	―	152,299	279,839	―	2,135,823	839,974	2,975,797
その他の項目									
減価償却費	85,553	192,968	35,389	14,034	32,227	950	361,124	14,973	376,097
のれん償却額	―	108,756	3,098	462	381	―	112,700	―	112,700
持分法適用会社への投資額	9,801	8,072	7,721	12,059	933	4,217	42,806	―	42,806
減損損失	8,918	9,816	15,589	13,331	78	92	47,826	1,124	48,950
有形固定資産及び無形固定資産の増加額	88,873	188,641	51,921	17,360	30,851	468	378,115	38,250	416,366

（注）1　セグメント利益の調整額△67,432百万円は、セグメント間取引消去及び全社費用であります。
　　　2　セグメント資産の調整額126,685百万円は、セグメント間取引消去及び全社資産であります。
　　　3　セグメント負債の調整額839,974百万円は、全社負債であり、当社の社債等であります。なお、各報告セグメントの残高は、内部取引消去後の金額であります。
　　　4　減価償却費の調整額14,973百万円は、全社資産に係る減価償却費であります。
　　　5　有形固定資産及び無形固定資産の増加額の調整額38,250百万円は、セグメント間取引消去及び全社資産に係る増加額であります。
　　　6　セグメント利益は、連結損益計算書の営業利益と調整を行っております。
　　　7　連結損益計算書においては、上記減損損失の内、5,530百万円が「事業構造改革費用」に含まれております。

6

（出典：セブン＆アイホールディングス2023年2月期有価証券報告書より筆者作成）

　次に記載される「セグメント資産」「セグメント負債」は連結貸借対照表に対応する情報です。

　「セグメント資産」は会社の保有する資産のうちどの金額分がどのセグメントでそれぞれ使用されているのかを表します。

　一方、「セグメント負債」は会社の保有する負債がどのセグメントの資金調達のために生じたのかを表します。

　「セグメント資産」「セグメント負債」のそれぞれの連結財務諸表計上額は、連結貸借対照表に計上されている金額と一致します。

▼セグメント情報と連結貸借対照表

当連結会計年度（自　2022年3月1日　至　2023年2月28日）

(単位：百万円)

	報告セグメント						計	調整額	連結財務諸表計上額
	国内コンビニエンスストア事業	海外コンビニエンスストア事業	スーパーストア事業	百貨店・専門店事業	金融関連事業	その他の事業			
営業収益									
外部顧客への営業収益	888,216	8,843,366	1,444,627	460,564	164,898	9,068	11,810,741	561	11,811,303
セグメント間の内部営業収益又は振替高	2,077	2,797	4,537	3,174	29,397	16,976	58,960	△58,960	—
計	890,293	8,846,163	1,449,165	463,739	194,295	26,044	11,869,702	△58,398	11,811,303
セグメント利益又は損失(△)	232,033	289,703	12,107	3,434	37,140	△466	573,953	△67,432	506,521
セグメント資産	1,204,038	5,764,895	983,632	526,288	1,905,942	39,473	10,424,270	126,685	10,550,956
セグメント負債(有利子負債)	—	1,703,683	—	152,299	279,839	—	2,135,823	839,974	2,975,797
その他の項目									
減価償却費	85,553	192,968	35,389	14,034	32,227	950	361,124	14,973	376,097
のれん償却額	—	108,756	3,098	462	381	—	112,700		112,700
持分法適用会社への投資額	9,801	8,072	7,721	12,059	933	4,217	42,806	—	42,806
減損損失	8,918	9,816	15,589	13,331	78	92	47,826	1,124	48,950
有形固定資産及び無形固定資産の増加額	88,873	188,641	51,921	17,360	30,851	468	378,115	38,250	416,366

(注) 1　セグメント利益の調整額△67,432百万円は、セグメント間取引消去及び全社費用であります。

相殺消去

1 【連結財務諸表等】
(1)　【連結財務諸表】
①【連結貸借対照表】

(単位：百万円)

	前連結会計年度 (2022年2月28日)	当連結会計年度 (2023年2月28日)
資産の部		
流動資産		
現金及び預金	1,420,653	1,670,872
コールローン	—	23,000
受取手形及び売掛金	365,746	—
受取手形、売掛金及び契約資産	—	※1 422,635
営業貸付金	91,662	93,490
商品及び製品	246,571	280,044
仕掛品	51	119
原材料及び貯蔵品	2,193	2,216
前払費用	71,249	78,588
ATM仮払金	107,883	102,755
その他	306,593	397,288
貸倒引当金	△7,829	△10,356
流動資産合計	2,604,774	3,060,653
固定資産		
有形固定資産		
建物及び構築物	3,011,407	3,315,510
減価償却累計額	△1,483,509	△1,700,680
建物及び構築物(純額)	※3 1,527,898	※3 1,614,830
工具、器具及び備品	1,158,818	1,337,026
減価償却累計額	△722,440	△873,507
工具、器具及び備品(純額)	436,377	463,518
車両運搬具	31,042	32,781
減価償却累計額	△11,535	△14,140
車両運搬具(純額)	19,506	18,640
土地	※3 1,119,796	※3 1,196,007
リース資産	26,264	27,256
減価償却累計額	△19,024	△20,991
リース資産(純額)	7,240	6,264
使用権資産	23,537	1,007,322
減価償却累計額	△12,735	△121,677
使用権資産(純額)	10,801	885,645
建設仮勘定	110,725	156,842
有形固定資産合計	3,232,347	4,341,750

①へ　②へ

無形固定資産			① ②
のれん		1,741,604	1,913,017
ソフトウエア		213,462	265,638
その他		184,935	186,016
無形固定資産合計		2,140,002	2,364,673
投資その他の資産			
投資有価証券	※2,※3,※6 220,615	※2,※3,※6 243,215
長期貸付金		14,633	14,903
差入保証金	※3 330,285	※3 321,945
建設協力立替金		542	770
退職給付に係る資産		86,217	87,088
繰延税金資産		43,539	57,186
その他		67,499	60,627
貸倒引当金		△3,024	△2,965
投資その他の資産合計		760,308	782,772
固定資産合計		6,132,658	7,489,195
繰延資産			
開業費		1,353	773
社債発行費		492	332
繰延資産合計		1,846	1,106
資産合計		8,739,279	10,550,956

- 91 -

(単位：百万円)

	前連結会計年度 (2022年2月28日)	当連結会計年度 (2023年2月28日)
負債の部		
流動負債		
支払手形及び買掛金	305,921	352,369
加盟店買掛金	177,987	183,803
短期借入金	140,146	143,568
1年内償還予定の社債	60,000	355,823
1年内返済予定の長期借入金	※3 121,280	※3 145,605
未払法人税等	22,716	25,549
未払費用	235,274	276,771
契約負債	－	211,356
預り金	223,146	165,501
ATM仮受金	73,901	61,772
リース債務	20,409	121,472
販売促進引当金	17,649	1,104
賞与引当金	13,937	14,389
役員賞与引当金	349	483
商品券回収損引当金	602	－
返品調整引当金	34	－
銀行業における預金	787,879	810,139
コールマネー	－	110,000
その他	279,489	285,377
流動負債合計	2,480,725	3,265,089
固定負債		
社債	1,582,906	1,394,728
長期借入金	※3 994,399	※3 936,070
繰延税金負債	109,825	184,242
役員退職慰労引当金	569	526
株式給付引当金	4,272	4,555
退職給付に係る負債	12,702	13,584
長期預り金	51,422	50,322
リース債務	36,527	834,913
資産除去債務	130,456	155,137
その他	187,738	63,623
固定負債合計	3,110,820	3,637,704
負債合計	5,591,546	6,902,794

有利子負債合計
143,568+355,823
+145,605+1,394,728
+936,070=2,975,797

（出典：セブン＆アイホールディングス2023年2月期有価証券報告書より筆者作成）

6

167

▼その他の項目

当連結会計年度（自 2022年3月1日 至 2023年2月28日）

連結損益計算書に対応する情報

（単位：百万円）

	報告セグメント						計	調整額	連結財務諸表計上額
	国内コンビニエンスストア事業	海外コンビニエンスストア事業	スーパーストア事業	百貨店・専門店事業	金融関連事業	その他の事業			
営業収益									
外部顧客への営業収益	888,216	8,843,366	1,444,627	460,564	164,898	9,068	11,810,741	561	11,811,303
セグメント間の内部営業収益又は振替高	2,077	2,797	4,537	3,174	29,397	16,976	58,960	△58,960	―
計	890,293	8,846,163	1,449,165	463,739	194,295	26,044	11,869,702	△58,398	11,811,303
セグメント利益又は損失（△）	232,033	289,703	12,107	3,434	37,140	△466	573,953	△67,432	506,521
セグメント資産	1,204,038	5,764,895	983,632	526,288	1,905,942	39,473	10,424,270	126,685	10,550,956
セグメント負債（有利子負債）	―	1,703,683	―	152,299	279,839	―	2,135,823	839,974	2,975,797
その他の項目									
減価償却費	85,553	192,968	35,389	14,034	32,227	950	361,124	14,973	376,097
のれん償却額	―	108,756	3,098	462	381		112,700	―	112,700
持分法適用会社への投資額	9,801	8,072	7,721	12,059	933	4,217	42,806	―	42,806
減損損失	8,918	9,816	15,589	13,331	78	92	47,826	1,124	48,950
有形固定資産及び無形固定資産の増加額	88,873	188,641	51,921	17,360	30,851	468	378,115	38,250	416,366

（注） 1 セグメント利益の調整額△67,432百万円は、セグメント間取引消去及び全社費用であります。
2 セグメント資産の調整額126,685百万円は、セグメント間取引消去及び全社資産であります。
3 セグメント負債の調整額839,974百万円は、全社負債であり、当社の社債等であります。なお、各報告セグメントの残高は、内部取引消去後の金額であります。
4 減価償却費の調整額14,973百万円は、全社資産に係る減価償却費であります。
5 有形固定資産及び無形固定資産の増加額の調整額38,250百万円は、セグメント間取引消去及び全社資産に係る増加額であります。
6 セグメント利益は、連結損益計算書の営業利益と調整を行っております。
7 連結損益計算書においては、上記減損損失の内、5,530百万円が「事業構造改革費用」に含まれております。

（出典：セブン＆アイホールディングス2023年2月期有価証券報告書より筆者作成）

その他の項目は、連結損益計算書に対応する情報、その他になります。上記の例では、「減価償却費」「のれん償却額」「減損損失」が連結損益計算書に対応する情報、「持分法適用会社への投資額」「有形固定資産及び無形固定資産の増加額」がその他になります。

収益に貢献しているのはどの事業か？

セグメント情報を見れば、どの事業でどれだけの利益を上げているのかが、一目瞭然です。また、どのセグメントが不採算となっているのかも知ることができます。

▼セグメント利益又は損失

当連結会計年度（自 2022年3月1日 至 2023年2月28日）

（単位：百万円）

	報告セグメント						計	調整額	連結財務諸表計上額
	国内コンビニエンスストア事業	海外コンビニエンスストア事業	スーパーストア事業	百貨店・専門店事業	金融関連事業	その他の事業			
営業収益									
外部顧客への営業収益	888,216	8,843,366	1,444,627	460,564	164,898	9,068	11,810,741	561	11,811,303
セグメント間の内部営業収益又は振替高	2,077	2,797	4,537	3,174	29,397	16,976	58,960	△58,960	―
計	890,293	8,846,163	1,449,165	463,739	194,295	26,044	11,869,702	△58,398	11,811,303
セグメント利益又は損失（△）	232,033	289,703	12,107	3,434	37,140	△466	573,953	△67,432	506,521
セグメント資産	1,204,038	5,764,895	983,632	526,288	1,905,942	39,473	10,424,270	126,685	10,550,956
セグメント負債（有利子負債）	―	1,703,683	―	152,299	279,839	―	2,135,823	839,974	2,975,797
その他の項目									
減価償却費	85,553	192,968	35,389	14,034	32,227	950	361,124	14,973	376,097
のれん償却額	―	108,756	3,098	462	381	―	112,700	―	112,700
持分法適用会社への投資額	9,801	8,072	7,721	12,059	933	4,217	42,806	―	42,806
減損損失	8,918	9,816	15,589	13,331	78	92	47,826	1,124	48,950
有形固定資産及び無形固定資産の増加額	88,873	188,641	51,921	17,360	30,851	468	378,115	38,250	416,366

（注） 1　セグメント利益の調整額△67,432百万円は、セグメント間取引消去及び全社費用であります。
2　セグメント資産の調整額126,685百万円は、セグメント間取引消去及び全社資産であります。
3　セグメント負債の調整額839,974百万円は、全社負債であり、当社の社債等であります。なお、各報告セグメントの残高は、内部取引消去後の金額であります。
4　減価償却費の調整額14,973百万円は、全社資産に係る減価償却費であります。
5　有形固定資産及び無形固定資産の増加額の調整額38,250百万円は、セグメント間取引消去及び全社資産に係る増加額であります。
6　セグメント利益は、連結損益計算書の営業利益と調整を行っております。
7　連結損益計算書において、上記減損損失の内、5,530百万円が「事業構造改革費用」に含まれております。

6

（出典：セブン＆アイホールディングス2023年2月期有価証券報告書）

ここでは、どの事業がどのくらい利益を上げているのかわかるね

　上記の例では営業利益5,065億円に貢献しているのは、主として、海外コンビニエンスストア事業、国内コンビニエンスストア事業であり、スーパーストア事業、百貨店・専門店事業は上記セグメントに比べると、それほど大きく貢献していないことがわかります。

会社の資産はどのように使われているのか？

　セグメント情報の開示方法は会社により違いがありますが、開示方法によっては、会社の資産がそれぞれのセグメントでどのように使われているのかを知ることができます。

▼セグメント資産・セグメント負債

当連結会計年度（自　2022年3月1日　至　2023年2月28日）

（単位：百万円）

	報告セグメント						計	調整額	連結財務諸表計上額
	国内コンビニエンスストア事業	海外コンビニエンスストア事業	スーパーストア事業	百貨店・専門店事業	金融関連事業	その他の事業			
営業収益									
外部顧客への営業収益	888,216	8,843,366	1,444,627	460,564	164,898	9,068	11,810,741	561	11,811,303
セグメント間の内部営業収益又は振替高	2,077	2,797	4,537	3,174	29,397	16,976	58,960	△58,960	―
計	890,293	8,846,163	1,449,165	463,739	194,295	26,044	11,869,702	△58,398	11,811,303
セグメント利益又は損失（△）	232,033	289,703	12,107	3,434	37,140	△466	573,953	△67,432	506,521
セグメント資産	1,204,038	5,764,895	983,632	526,288	1,905,942	39,473	10,424,270	126,685	10,550,956
セグメント負債（有利子負債）	―	1,703,683	―	152,299	279,839	―	2,135,823	839,974	2,975,797
その他の項目									
減価償却費	85,553	192,968	35,389	14,034	32,227	950	361,124	14,973	376,097
のれん償却額	―	108,756	3,098	462	381	―	112,700		112,700
持分法適用会社への投資額	9,801	8,072	7,721	12,059	933	4,217	42,806	―	42,806
減損損失	8,918	9,816	15,589	13,331	78	92	47,826	1,124	48,950
有形固定資産及び無形固定資産の増加額	88,873	188,641	51,921	17,360	30,851	468	378,115	38,250	416,366

（注）1　セグメント利益の調整額△67,432百万円は、セグメント間取引消去及び全社費用であります。
　　　2　セグメント資産の調整額126,685百万円は、セグメント間取引消去及び全社資産であります。
　　　3　セグメント負債の調整額839,974百万円は、全社負債であり、当社の社債等であります。なお、各報告セグメントの残高は、内部取引消去後の金額であります。
　　　4　減価償却費の調整額14,973百万円は、全社資産に係る減価償却費であります。
　　　5　有形固定資産及び無形固定資産の増加額の調整額38,250百万円は、セグメント間取引消去及び全社資産に係る増加額であります。
　　　6　セグメント利益は、連結損益計算書の営業利益と調整を行っております。
　　　7　連結損益計算書においては、上記減損損失の内、5,530百万円が「事業構造改革費用」に含まれております。

（出典：セブン＆アイホールディングス2023年2月期有価証券報告書より一部抜粋）

どの事業がどれくらいの資産を使っているのか、資金をどのくらい使っているのがわかるよ

上記の例では総資産10兆5,509億円のうち、半分以上を占める5兆7,648億円が海外コンビニエンスストア事業で使用されていることがわかります。また、有利子負債が、海外コンビニエンスストア事業、金融関連事業、百貨店・専門店事業の資産調達のため、生じたこともわかります。

6

第7章
財務分析を行ってみよう

1 収益性はどう見る？

決算書の見方はわかってきたけれど、まだ分析なんかはとてもできないな。もっと知らなければならないことがあるのかな？

分析についても、基本的なやり方は知っておく必要があるよ。後、数期間を比較することも重要だね

ハイライト情報で目を通すのは？

　財務三表の読み方がわかったら、次はその内容をどう考えるのかです。

　会社の将来性を検討するのは、投資において重要なことです。最初は決算書の情報から会社の将来性を検討してみましょう。

　最初に読む決算書として、パナソニック　ホールディングス株式会社の決算書を取り上げ、順を追って、読んでいきましょう。本書を読んでいるほとんどの方がご存じだと思いますが、パナソニック　ホールディングス株式会社は、日本の電機メーカー持株会社です。

　会社の決算書を初めて読む場合、最初は冒頭の第一部【企業情報】にある第1 企業の概況 1.【主要な経営指標等の推移】にざっと目を通します。目を通すのは、「(1) 連結経営指標等」です。

　【主要な経営指標等の推移】には、主要な経営指標が記載されているため、「ハイライト情報」ともいわれます。

▼【主要な経営指標等の推移】の記載場所

項目	記載項目
第一部　企業情報	
第1　企業の概況	1.【主要な経営指標等の推移】 2.【沿革】 3.【事業の内容】 4.【関係会社の状況】 5.【従業員の状況】
第2　事業の状況	1.【経営方針、経営環境及び対処すべき課題等】 2.【サステナビリティに関する考え方及び取り組み】 3.【事業等のリスク】 4.経営者による財政状態、経営成績及びキャッシュ・フローの状況の分析 5.【経営上の重要な契約等】 6.【研究開発活動】
第3　設備の状況	1.【設備投資等の概要】 2.【主要な設備の状況】 3.【設備の新設、除却等の計画】
第4　提出会社の状況	1.【株式等の状況】 2.【自己株式の取得等の状況】 3.【配当政策】 4.【コーポレートガバナンスの状況等】
第5　経理の状況	1.【連結財務諸表等】 2.【財務諸表等】
第6　提出会社の株式事務の概要	株主名簿管理人、株主優待制度など
第7　提出会社の参考情報	1.【提出会社の親会社等の情報】 2.【その他の参考情報】
第二部　提出会社の保証会社等の情報	保証対象の社債、保証している会社の情報など

ここに記載されています

7

(出典：企業内容等の開示に関する内閣府令等から筆者作成)

▼パナソニック ホールディングス株式会社の連結経営指標等

第一部【企業情報】
第1【企業の概況】
 1【主要な経営指標等の推移】
  (1) 連結経営指標等

回次		第112期	第113期	第114期	第115期	第116期	
決算年月		2019年3月	2020年3月	2021年3月	2022年3月	2023年3月	
売上高	(百万円)	8,002,733	7,490,601	6,698,794	7,388,791	8,378,942	②
税引前利益	(百万円)	416,456	291,050	260,820	360,395	316,409	
親会社の所有者に帰属する当期純利益	(百万円)	284,149	225,707	165,077	255,334	265,502	③
親会社の所有者に帰属する当期包括利益	(百万円)	278,477	172,443	655,352	630,527	518,784	
親会社の所有者に帰属する持分	(百万円)	1,913,513	1,998,349	2,594,034	3,164,962	3,618,402	
資本合計	(百万円)	2,084,615	2,155,868	2,768,502	3,347,171	3,789,958	
資産合計	(百万円)	6,013,931	6,218,518	6,847,073	8,023,583	8,059,527	④
1株当たり親会社所有者帰属持分	(円)	820.41	856.57	1,111.73	1,356.08	1,550.23	
基本的1株当たり親会社の所有者に帰属する当期純利益	(円)	121.83	96.76	70.75	109.41	113.75	
希薄化後1株当たり親会社の所有者に帰属する当期純利益	(円)	121.75	96.70	70.72	109.37	113.72	
親会社所有者帰属持分比率	(%)	31.8	32.1	37.9	39.4	44.9	
親会社所有者帰属持分当期純利益率	(%)	15.7	11.5	7.2	8.9	7.8	
株価収益率	(倍)	7.83	8.53	20.12	10.86	10.39	
営業活動によるキャッシュ・フロー	(百万円)	203,677	430,303	504,038	252,630	520,742	
投資活動によるキャッシュ・フロー	(百万円)	△193,387	△206,096	176,596	△796,149	△344,033	
財務活動によるキャッシュ・フロー	(百万円)	△341,761	48,222	△177,704	58,910	△607,013	
現金及び現金同等物の期末残高	(百万円)	772,264	1,016,504	1,593,224	1,205,873	819,499	
従業員数	(人)	271,869	259,385	243,540	240,198	233,391	

(注) 当社は、国際財務報告基準（以下、「IFRS」）に基づいて連結財務諸表を作成しています。　①

（出典：パナソニック ホールディングス2023年3月期有価証券報告書）

会社の主要情報が集まっているのだろうけど、初心者にはわかりづらいかな

　【主要な経営指標等の推移】は、連結、個別の5年間の経営指標等の推移を示したものです。売上高、親会社株主（親会社の所有者）に帰属する当期純利益、純資産額（資本合計）、キャッシュ・フローなど決算書からの指標、

1株当たり当期純利益や自己資本比率などの財務諸表の分析指標を一覧することができます。

　ここでも連結経営指標を見ていきます。

【主要な経営指標等の推移】に記載されるのは次の事項です。

▼【主要な経営指標等の推移】の記載事項例

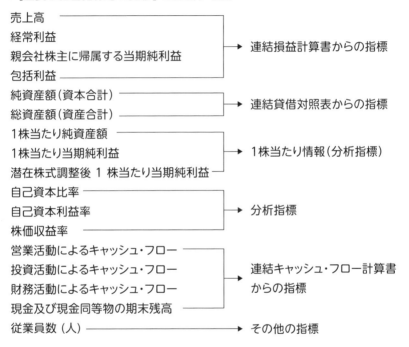

【主要な経営指標等の推移】はあくまでも大枠をつかむための情報です。決算書を読み始めた段階では、内容を理解できないものもあるのが自然です。

　決算書を読むのに慣れていない段階では、目を通す項目を、①脚注、②売上高、③親会社株主に帰属する当期純利益、④総資産額（資産合計）の4項目にしぼり、会社の規模感等をとらえることに集中することをお勧めします。

ハイライト情報（【主要な経営指標等の推移】）で最初に確認するのは脚注に記載されている項目です。ここには会社が連結財務諸表を作成するのに基づいている基準、適用となった新しい会計基準などが記載されています。新しい会計基準の適用は、内容によっては大きく数字に影響する可能性があります。そのため、脚注に記載されている事項を考慮に入れず数字だけを読むと、判断を誤る可能性があります。

　パナソニック ホールディングス株式会社については、**国際財務報告基準（IFRS）**に基づいて、連結財務諸表を作成していること、直近の5期で数字に影響のある新しい会計基準の適用はなかったことがわかります。

　ハイライト情報で次に確認するのは、売上高です。売上高は、企業グループでサービスや商品を提供することによる売上金額の合計です。売上高を見ることによって、企業グループの売上規模、産業全体の売上高がわかればその市場における占有率を知ることができます。

　パナソニック ホールディングス株式会社の直近の5期の売上高は、6兆6,987億円から8兆3,789億円という規模であることがわかります。

　次に「親会社の所有者に帰属する当期純利益」を見ます。「親会社の所有者に帰属する当期純利益」はその期について、企業グループがどれだけの利益を上げたのかという業績を示します。

　パナソニック ホールディングス株式会社の直近の5期の「親会社の所有者に帰属する当期純利益」は、1,650億円から2,841億円で推移していることがわかります。

　余裕のある方は、資産合計にも目を通しましょう。企業グループがどれだけの資産を持っているのか、企業グループの規模がわかります。

　パナソニック ホールディングス株式会社の直近の5期の資産全体は、6兆139億円から8兆595億円という規模であることがわかります。

　そのほかの項目は、決算書の読み方がよくわかるようになってから、目を通せば、十分です。

【ハイライト情報を見る順番】

決算書に慣れるまでのハイライト情報を見る順番

1. 脚注
2. 売上高
3. 親会社株主に帰属する当期純利益
4. 総資産額（資産合計）

（参考）決算短信の場合は？

　決算短信にも、冒頭にサマリー情報が記載されていますが、有価証券報告書ほど詳細な情報は記載されていません。比較情報も過去1年分だけです。以下は パナソニック ホールディングス2023年3月期決算短信になります。

決算短信の良い所って、何だっけ？

公表されるのが有価証券報告書より早いんだ

▼決算短信のサマリー情報

2023年3月期　決算短信〔ＩＦＲＳ〕（連結）

2023年5月10日

上場会社名　　　パナソニック ホールディングス株式会社　　　　　　　上場取引所　東 名
コード番号　　6752　　　　　　　　　　　　　　　　　　URL　https://holdings.panasonic/jp/
代表者　　　　（役職名）代表取締役　社長執行役員　　　　（氏名）楠見　雄規
問合せ先責任者　（役職名）財務・ＩＲ部長　　　　　　　　（氏名）和仁古 明　　ＴＥＬ　(06)6908-1121
定時株主総会開催予定日　2023年6月26日　　　　　　　　配当支払開始予定日　2023年6月2日
有価証券報告書提出予定日　2023年6月27日
決算補足説明資料作成の有無：有
決算説明会開催の有無　　　：有（マスコミ向けおよび証券アナリスト・機関投資家向け）

（百万円未満四捨五入）

1．2023年3月期の連結業績（2022年4月1日〜2023年3月31日）

（1）連結経営成績（％表示は対前期増減率）

	売上高		営業利益		税引前利益		当期純利益		親会社の所有者に帰属する当期純利益		当期包括利益合計額	
	百万円	％	百万円	％	百万円	％	百万円	％	百万円	％	百万円	％
2023年3月期	8,378,942	13.4	288,570	△19.3	316,409	△12.2	280,556	5.7	265,502	4.0	536,677	△18.6
2022年3月期	7,388,791	10.3	357,526	38.3	360,395	38.2	265,438	44.3	255,334	54.7	659,592	△3.9

	基本的1株当たり当期純利益	希薄化後1株当たり当期純利益	親会社所有者帰属持分当期純利益率	資産合計税引前利益率	売上高営業利益率
	円 銭	円 銭	％	％	％
2023年3月期	113.75	113.72	7.8	3.9	3.4
2022年3月期	109.41	109.37	8.9	4.8	4.8

（参考）持分法による投資損益　2023年3月期　1,432百万円　2022年3月期　△12,637百万円

（2）連結財政状態

	資産合計	資本合計	親会社の所有者に帰属する持分	親会社所有者帰属持分比率	1株当たり親会社所有者帰属持分
	百万円	百万円	百万円	％	円 銭
2023年3月期	8,059,527	3,789,958	3,618,402	44.9	1,550.23
2022年3月期	8,023,583	3,347,171	3,164,962	39.4	1,356.08

（3）連結キャッシュ・フローの状況

	営業活動によるキャッシュ・フロー	投資活動によるキャッシュ・フロー	財務活動によるキャッシュ・フロー	現金及び現金同等物期末残高
	百万円	百万円	百万円	百万円
2023年3月期	520,742	△344,033	△607,013	819,499
2022年3月期	252,630	△796,149	58,910	1,205,873

2．配当の状況

	年間配当金					配当金総額（合計）	配当性向（連結）	親会社所有者帰属持分配当率（連結）
	第1四半期末	第2四半期末	第3四半期末	期末	合計			
	円 銭	円 銭	円 銭	円 銭	円 銭	百万円	％	％
2022年3月期	―	15.00	―	15.00	30.00	70,015	27.4	2.4
2023年3月期	―	15.00	―	15.00	30.00	70,023	26.4	2.1
2024年3月期（予想）	―	―	―	―	―			

（注）2024年3月期の配当予想については未定です。

3．2024年3月期の連結業績予想（2023年4月1日〜2024年3月31日）

（％表示は対前期増減率）

	売上高		営業利益		税引前利益		親会社の所有者に帰属する当期純利益		基本的1株当たり当期純利益
	百万円	％	百万円	％	百万円	％	百万円	％	円 銭
通期	8,500,000	1.4	430,000	49.0	455,000	43.8	350,000	31.8	149.95

（注）当社は、社内の業績管理を通期ベースで実施しており、連結業績予想についても通期で開示いたします。

（出典：パナソニック ホールディングス2023年3月期 決算短信（IFRS）（連結））

※ 注記事項
（1）期中における重要な子会社の異動（連結範囲の変更を伴う特定子会社の異動）：無

（2）会計方針の変更・会計上の見積りの変更
　　① ＩＦＲＳにより要求される会計方針の変更 ：無
　　② ①以外の会計方針の変更 ：無
　　③ 会計上の見積りの変更 ：無

（3）発行済株式数（普通株式）

① 期末発行済株式数（自己株式を含む）	2023年3月期	2,454,056,597株	2022年3月期	2,453,866,297株
② 期末自己株式数	2023年3月期	119,943,749株	2022年3月期	119,969,766株
③ 期中平均株式数	2023年3月期	2,333,947,462株	2022年3月期	2,333,538,585株

（参考）個別業績の概要
　2023年3月期の個別業績（2022年4月1日～2023年3月31日）
（1）個別経営成績 （％表示は対前期増減率）

	売上高および営業収益		営業利益		経常利益		当期純利益	
	百万円	％	百万円	％	百万円	％	百万円	％
2023年3月期	247,468	△91.0	117,848	77.8	109,660	△13.6	66,610	△23.1
2022年3月期	2,755,967	△27.7	66,269	84.0	126,896	△7.4	86,573	9.9

	1株当たり当期純利益	潜在株式調整後1株当たり当期純利益
	円 銭	円 銭
2023年3月期	28.54	28.53
2022年3月期	37.10	37.08

（2）個別財政状態

	総資産	純資産	自己資本比率	1株当たり純資産
	百万円	百万円	％	円 銭
2023年3月期	3,958,577	1,591,098	40.2	681.37
2022年3月期	5,327,546	1,585,353	29.7	678.94

（参考）自己資本　2023年3月期　1,590,400百万円　2022年3月期　1,584,581百万円

※ 決算短信は公認会計士又は監査法人の監査の対象外です
　この決算短信の開示時点において、金融商品取引法に基づく財務諸表の監査手続が実施中です。

※ 業績予想の適切な利用に関する説明、その他特記事項
　本資料に記載されている業績見通し等の将来に関する記述は、現在入手可能な情報と、当社が現時点で合理的であると判断する一定の前提に基づいており、実際の業績は見通しと大きく異なることがありえます。業績予想の前提となる仮定および業績見通しのご利用にあたっての注意事項等については、＜将来見通しに関するリスク情報＞をご覧ください。
　当社は2023年5月10日にマスコミ向けおよび証券アナリスト・機関投資家向け説明会を開催する予定です。決算説明資料および決算補足説明資料は同日に当社ホームページに掲載いたします。

（出典：パナソニック ホールディングス 2023年3月期 決算短信〔IFRS〕（連結））

7

決算短信のサマリー情報には以下の項目が記載されます。

1. その期の連結業績
(1) 連結経営成績
(2) 連結財政状態
(3) キャッシュ・フローの状況
2. 配当の状況
3. 翌期の連結業績予想

　有価証券報告書ほど詳細な情報は記載されませんが、有価証券報告書には記載されない翌期の連結業績予想が記載されるのが大きな特徴になります。
　決算短信のサマリー情報の内容を図解すると以下の通りです。

決算短信のサマリー情報には、過去1年分の比較情報しか記載されていないんだね

でも、有価証券報告書に記載されない翌期の連結業績予想が記載されているよ

2023年3月期　決算短信〔IFRS〕（連結）

2023年5月10日

上場会社名　パナソニック ホールディングス株式会社　　　　　　　　　　　上場取引所　東名
コード番号　6752　　　　　　　　　　　　　　　　　　　　　URL　https://holdings.panasonic/jp/
代表者　　　（役職名）代表取締役　社長執行役員　　　（氏名）楠見　雄規
問合せ先責任者（役職名）財務・IR部長　　　　　　　（氏名）和仁古　明　　TEL　(06)6908-1121
定時株主総会開催予定日　2023年6月26日　　　　　配当支払開始予定日　2023年6月2日
有価証券報告書提出予定日　2023年6月27日
決算補足説明資料作成の有無　：有
決算説明会開催の有無　　　　：有（マスコミ向けおよび証券アナリスト・機関投資家向け）

連結損益計算書からの指標

（百万円未満四捨五入）

1．2023年3月期の連結業績（2022年4月1日～2023年3月31日）

（1）連結経営成績

（％表示は対前期増減率）

	売上高		営業利益		税引前利益		当期純利益		親会社の所有者に帰属する当期純利益		当期包括利益合計額	
	百万円	％	百万円	％	百万円	％	百万円	％	百万円	％	百万円	％
2023年3月期	8,378,942	13.4	288,570	△19.3	316,409	△12.2	280,556	5.7	265,502	4.0	536,677	△18.6
2022年3月期	7,388,791	10.3	357,526	38.3	360,395	38.2	265,438	44.3	255,334	54.7	659,592	△3.9

	基本的1株当たり当期純利益	希薄化後1株当たり当期純利益	親会社所有者帰属持分当期純利益率	資産合計税引前利益率	売上高営業利益率
	円 銭	円 銭	％	％	％
2023年3月期	113.75	113.72	7.8	3.9	3.4
2022年3月期	109.41	109.37	8.9	4.8	4.8

（参考）持分法による投資損益　2023年3月期　1,432百万円　2022年3月期　△12,637百万円

1株当たり情報・分析指標

（2）連結財政状態

連結貸借対照表からの指標

	資産合計	資本合計	親会社の所有者に帰属する持分	親会社所有者帰属持分比率	1株当たり親会社所有者帰属持分
	百万円	百万円	百万円	％	円 銭
2023年3月期	8,059,527	3,789,958	3,618,402	44.9	1,550.23
2022年3月期	8,023,583	3,347,171	3,164,962	39.4	1,356.08

（3）連結キャッシュ・フローの状況

連結キャッシュ・フロー計算書からの指標

	営業活動によるキャッシュ・フロー	投資活動によるキャッシュ・フロー	財務活動によるキャッシュ・フロー	現金及び現金同等物期末残高
	百万円	百万円	百万円	百万円
2023年3月期	520,742	△344,033	△607,013	819,499
2022年3月期	252,630	△796,149	58,910	1,205,873

2．配当の状況

配当の状況

	年間配当金					配当金総額（合計）	配当性向（連結）	親会社所有者帰属持分配当率（連結）
	第1四半期末	第2四半期末	第3四半期末	期末	合計			
	円 銭	円 銭	円 銭	円 銭	円 銭	百万円	％	％
2022年3月期	―	15.00	―	15.00	30.00	70,015	27.4	2.4
2023年3月期	―	15.00	―	15.00	30.00	70,023	26.4	2.1
2024年3月期（予想）	―	―	―	―	―			

（注）2024年3月期の配当予想については未定です。

3．2024年3月期の連結業績予想（2023年4月1日～2024年3月31日）

（％表示は対前期増減率）

	売上高		営業利益		税引前利益		親会社の所有者に帰属する当期純利益		基本的1株当たり当期純利益
	百万円	％	百万円	％	百万円	％	百万円	％	円 銭
通期	8,500,000	1.4	430,000	49.0	455,000	43.8	350,000	31.8	149.95

（注）当社は、社内の業績管理を通期ベースで実施しており、連結業績予想についても通期で開示いたします。

翌期の連結業績予想

7

（出典：パナソニック ホールディングス2023年3月期 決算短信（IFRS）（連結））

売上総利益率（粗利益率）、営業利益率、純利益率 とは？

　会社の数字について、おおまかなイメージが持てるようになったら、損益計算書を読んでみましょう。パナソニック ホールディングス株式会社の連結損益計算書は以下の通りです。

▼パナソニック ホールディングス株式会社の連結損益計算書

②【連結損益計算書及び連結包括利益計算書】
【連結損益計算書】

（単位：百万円）

	注記番号	前連結会計年度 （自 2021年4月1日 至 2022年3月31日）		当連結会計年度 （自 2022年4月1日 至 2023年3月31日）
売上高	23	7,388,791	①	8,378,942
売上原価	7,17,27	△5,306,580		△6,117,494
売上総利益		2,082,211	②	2,261,448
販売費及び一般管理費	17,22,24,27	△1,724,511		△1,947,371
持分法による投資損益	11	△12,637		1,432
その他の損益	17,26,27,36	12,463		△26,939
営業利益		357,526	③	288,570
金融収益	28	22,128		48,972
金融費用	28	△19,259		△21,133
税引前利益		360,395		316,409
法人所得税費用	13	△94,957		△35,853
当期純利益		265,438		280,556
当期純利益の帰属				
親会社の所有者		255,334	④	265,502
非支配持分		10,104		15,054
1株当たり当期純利益（親会社の所有者に帰属）	29			
基本的1株当たり当期純利益 （円）		109.41		113.75
希薄化後1株当たり当期純利益 （円）		109.37		113.72

（出典：パナソニック ホールディングス2023年3月期有価証券報告書）

第3章で学習した区分損益だね

連結損益計算書は上記のように前期を含む2期が併記されます。

製造業や小売業を分析するには、最初に**売上総利益率（粗利益率）**を計算するのが鉄則です。売上高総利益率を見れば、単純に百円のものを売った時、会社にどれだけの金額が残るのかがわかります。

売上総利益率（粗利益率）は、次の数式で計算できます。

$$売上総利益率（粗利益率）= \frac{売上総利益}{売上高} \times 100 = \frac{②2,261,448}{①8,378,942} \times 100$$
$$= 27.0\%$$

単純に商品を一つ売った時にどれくらい儲かるかだね

パナソニック ホールディングスの2023年3月期の売上総利益率（粗利益率）は27.0%です。同業他社である日立製作所の24.7%、ソニーグループの28.9%、三菱電機の28.1%と比較するとそれほど低い数字ではないということができます。

次に**営業利益率**を計算します。営業利益率は、売上高から売上原価だけでなく販売費、一般管理費を差し引いた営業利益の売上高に対する割合です。営業利益率により、本業でどのくらい効率的に利益を出せたのかが、わかります。

$$営業利益率 = \frac{営業利益}{売上高} \times 100 = \frac{③288,570}{①8,378,942} \times 100 = 3.4\%$$

今度は本業として、どれだけ利益が出るかだね

パナソニック ホールディングスの2023年3月期の営業利益率は3.4%で

す。同業他社である日立製作所の6.9%、ソニーグループの10.5%（金融ビジネスを含みます）、三菱電機の5.2%と比較すると少し見劣りがします。

　同業他社と比較した結果、パナソニック ホールディングスの経営課題としては、売上高総利益率を上げるか、販売費及び一般管理費の比率を下げ、営業利益率を上げることが有効であると考えられます。

　最後に純利益率を計算します。純利益率は、親会社の所有者に帰属する純利益の売上高に占める割合のことです。**純利益率**は、会社の収益性を測る指標のひとつで、この指数が高ければ高いほど投資対象としては優秀であることを示します。

$$純利益率 = \frac{当期純利益}{売上高} \times 100 = \frac{④\,265,502}{①\,8,378,942} \times 100 = 3.2\%$$

※連結財務諸表の場合、「当期純利益」は「親会社株主に帰属する当期純利益」で計算します。

最後の結果として、どれだけ利益になるかだね

　パナソニック ホールディングスの2023年3月期の純利益率は3.2%です。同業他社である日立製作所の6.0%、ソニーグループの8.1%（金融ビジネスを含みます）、三菱電機の4.3%と比較すると低い数字になっています。

投下資本に対する収益性はどう見るの？

　前項では、売上高に対する利益率を同業他社と比較しました。売上高に対する利益率は重要な指標ですが、投下した資本に対してどれだけの利益が獲得されているのかも、分析においては重要です。

　投資された資金を活用して、どれだけの成果を上げたかを表す代表的な指標として、**自己資本利益率**（ROE）と**総資産利益率**（ROA）があります。

● 自己資本利益率（ROE）

　自己資本利益率（ROE）は、自己資本（純資産）に対してどれだけの利益が生み出されたのかを示す、財務分析の指標です。ROEはReturn On Equityの略称です。自己資本利益率（ROE）は次の数式で計算されます。

$$自己資本利益率（ROE）（\%） = \frac{当期純利益}{自己資本} \times 100$$

※連結財務諸表の場合、「当期純利益」は
「親会社株主に帰属する当期純利益」で
計算します。

資本がどれだけ利益を生み出したのかということだね

● 総資産利益率（ROA）

　総資産利益率（ROA）は、総資産（＝負債＋純資産）に対してどれだけの利益が生み出されたのかを示す、財務分析の指標です。ROAはReturn On Assetsの略称です。総資産利益率（ROA）は次の数式で計算されます。

$$総資産利益率（ROA）（\%） = \frac{当期純利益}{総資産} \times 100$$

7

※連結財務諸表の場合、「当期純利益」は
「親会社株主に帰属する当期純利益」で
計算します。

ROEとは少し視点が変わって、資産全部でどれくらい利益を生み出したかだね

　自己資本利益率（ROE）と総資産利益率（ROA）の違いは、投下した資金を株主の持ち分である自己資本のみと考えるか、銀行からの借入金など他人資本も含めて考えるかの違いです。企業に投資された資金を活用して、どれだけの成果を上げたかを表す指標という点では同じです。

　この節では総資産利益率（ROA）を計算して、銀行からの借入金など他人

資本も含めた経営効率を確かめます。

$$総資産利益率（ROA）（\%）= \frac{当期純利益}{総資産} \times 100$$

$$= \frac{④\,265,502}{⑤\,8,059,527} \times 100$$

$$= 3.3\%$$

考え方がわかれば、計算結果
の意味もよくわかるな

　パナソニック ホールディングスの2023年3月期の総資産利益率（ROA）は3.3%です。同業他社の総資産利益率（ROA）は日立製作所5.2%、ソニーグループ2.9%（金融ビジネスを含みます）、三菱電機3.8%です。ソニーグループの総資産利益率（ROA）が低いのは、金融事業を営んでいるため、総資産の金額が大きくなっているためと考えられます。したがって、パナソニック ホールディングスは同業他社と比較して、資産を有効活用する余地があると考えられます。

▼電機メーカー大手4社の財務指標

	売上高 総利益率	営業利益率	純利益率	総資産利益率 （ROA）
パナソニック	27.0%	3.4%	3.2%	3.3%
日立製作所	24.7%	6.9%	6.0%	5.2%
ソニーグループ	28.9%	※10.5%	※8.1%	※2.9%
三菱電機	28.1%	5.2%	4.3%	3.8%

※金融ビジネスを含みます。

▼パナソニックホールディングス株式会社の連結貸借対照表

（1）【連結財務諸表】
①【連結財政状態計算書】

（単位：百万円）

	注記 番号	前連結会計年度末 （2022年3月31日）	当連結会計年度末 （2023年3月31日）
資産			
流動資産			
現金及び現金同等物	5	1,205,873	819,499
営業債権及び契約資産	6,23	1,324,618	1,322,593
その他の金融資産	12	210,633	169,665
棚卸資産	7	1,132,664	1,288,751
その他の流動資産	14	157,409	202,377
流動資産合計		4,031,197	3,802,885
非流動資産			
持分法で会計処理されている投資	11	403,201	401,219
その他の金融資産	12	213,024	242,672
有形固定資産	8,27	1,115,346	1,172,376
使用権資産	9,27	257,706	238,833
のれん及び無形資産	10,27	1,680,027	1,796,236
繰延税金資産	13	219,791	249,964
その他の非流動資産	14	103,291	155,342
非流動資産合計		3,992,386	4,256,642
資産合計		8,023,583	⑤ 8,059,527

（出典：パナソニック ホールディングス2023年3月期有価証券報告書）

7

　ここで数値のみ示した日立製作所、ソニーグループ、三菱電機の経営指標の計算方法については本章末の資料を参照してください。

> ## 利益率を時系列で見ると何がわかるのか？

　前項までは、同業他社との比較を中心にして、パナソニック ホールディングスの業績を評価しました。この節では、パナソニック ホールディングスの売上高等を時系列で見てみましょう。

▼パナソニック ホールディングス株式会社の連結損益計算書

連結損益計算書

(単位:百万円)

	連結会計年度		
	(自 2020年4月1日 至 2021年3月31日)	(自 2021年4月1日 至 2022年3月31日)	(自 2022年4月1日 至 2023年3月31日)
売上高	6,698,794	7,388,791	8,378,942
売上原価	△ 4,723,943	△ 5,306,580	△ 6,117,494
売上総利益	1,974,851	2,082,211	2,261,448
販売費及び一般管理費	△ 1,667,696	△ 1,724,511	△ 1,947,371
持分法による投資損益	△ 20,753	△ 12,637	1,432
その他の損益	△ 27,802	12,463	△ 26,939
営業利益	258,600	357,526	288,570
金融収益	20,846	22,128	48,972
金融費用	△ 18,626	△ 19,259	△ 21,133
税引前利益	260,820	360,395	316,409
法人所得税費用	△ 76,926	△ 94,957	△ 35,853
当期純利益	183,894	265,438	280,556
当期純利益の帰属			
親会社の所有者	165,077	255,334	265,502

(出典:パナソニック ホールディングス2021年3月期・2023年3月期有価証券報告書から
筆者作成)

合計だけだと、売上や売上原価
の内訳がよくわからないね

　3年間の連結損益計算書を並記しましたが、これだけでは数字の羅列で内容をよく理解することができません。

　会社の成長を見るには、基準年度を一つ取り、そこからどれだけ数値が推移したのかを見ることが有効です。パナソニック ホールディングス株式会社の成長率を計算してみましょう。2021年3月期を基準年度として、2021年3月期の数字を100%で計算します。

▼パナソニック ホールディングス株式会社の成長率

	2021年3月期	2022年3月期	2023年3月期
売上高	100%	110%	125%
売上原価	100%	112%	129%
売上総利益	100%	105%	115%
販売費及び一般管理費	100%	103%	117%
持分法による投資損益	100%	61%	-7%
その他の損益	100%	-45%	97%
営業利益	100%	138%	112%

（出典：パナソニック ホールディングス2021年3月期・2023年3月期有価証券報告書から
筆者作成）

売上高を見ると、2年間で
25%も成長しているんだね

　2021年3月期からみると、2023年3月期で売上高は25%増加していま
す。売上の伸び率より、売上原価の伸びが29%と大きいため、売上総利益
は売上ほど伸びていません。また、販売費及び一般管理費も17%伸びてい
るため、営業利益の伸びは12%となっています。

　成長率を見ると、パナソニック ホールディングス株式会社の売上高は伸
びており、売上原価か販売費及び一般管理費の伸びを抑えることができれ
ば、さらに利益を大きくすることも可能と考えられます。

セグメント情報を利用してさらに詳細な分析を

　これまでは、連結損益計算書を中心に分析を行ってきましたが、セグメン
ト情報を利用すれば、さらに詳細な分析を行うことができます。

7

▼パナソニック ホールディングス株式会社のセグメント情報

② 当連結会計年度（2022年4月1日～2023年3月31日）

（単位：百万円）

	報告セグメント					その他	消去・調整	連結計
	くらし事業	オートモーティブ	コネクト	インダストリー	エナジー			
売上高								
外部顧客に対するもの	3,234,154	1,283,261	1,051,531	992,795	908,945	908,256	―	8,378,942
セグメント間取引	249,115	14,268	74,160	157,088	62,874	291,107	△848,612	―
計	3,483,269	1,297,529	1,125,691	1,149,883	971,819	1,199,363	△848,612	8,378,942
利益	103,104	16,225	20,900	66,796	33,225	56,742	△8,422	288,570
減価償却費及び償却費（注1）	107,980	63,363	74,619	59,661	22,342	49,293	5,031	382,289
資本的支出（注2）	111,316	44,189	26,189	65,187	91,609	42,655	13,746	394,891

（注1）　有形固定資産、使用権資産、及び無形資産
（注2）　有形固定資産及び無形資産の発生ベースの金額（企業結合による増加を除く）

　　報告セグメントの会計方針は、下記に記載の管理会計上の調整事項を除き、注記「3．重要な会計方針」で記載している当社の会計方針と同一です。
　　セグメント間における取引は、独立企業間価格を基礎として行われています。
　　報告セグメントの利益は、営業利益をベースとした数値です。

　　「消去・調整」欄には、セグメント間の内部取引消去や、セグメントに帰属しない損益及び連結会計上の調整が含まれています。
　　前連結会計年度及び当連結会計年度の利益に関する調整には、本社部門等の損益（前連結会計年度における一部の固定資産売却益を含む）が含まれています。また、連結会計上の調整として、セグメントに帰属しない持分法による投資損益等が含まれています。

(3) 製品及びサービスに関する情報
　　「(1) 報告セグメントの概要」、「(2) セグメント情報」に同様の情報を開示しているため、記載を省略しています。

（出典：パナソニック ホールディングス2023年3月期有価証券報告書）

事業別にみると、全体ではわからなかった細かいことがわかるようになるね

　　セグメント情報を有効に活用するには、会社がどのような区分でセグメントを設定しているのかを理解することです。

　　パナソニックホールディングスでは、報告セグメントとして、①くらし事業、②オートモーティブ、③コネクト、④インダストリー、⑤エナジーの5つのセグメントを設けています。

　　報告セグメントの概要については、以下のように記載されています。

　　「くらし事業」は、冷蔵庫、電子レンジ、炊飯器、洗濯機、掃除機、美・理容

器具、家庭用空調機器、業務用空調機器、ヒートポンプ式温水給湯暖房機、換気・送風機器、空気清浄機、ショーケース、業務用冷蔵庫、照明器具、ランプ、配線器具、太陽光発電システム、燃料電池、コンプレッサー、自転車、介護関連等の開発・製造・販売を行っています。

「オートモーティブ」は、車載インフォテインメントシステム、ヘッドアップディスプレイ、車載スピーカーシステム、車載スイッチ、先進運転支援システム（ADAS）、自動車用ミラー等の開発・製造・販売を行っています。

「コネクト」は、航空機内エンターテインメントシステム・通信サービス、電子部品実装システム、溶接機、プロジェクター、業務用カメラシステム、パソコン・タブレット、サプライチェーンマネジメントソフトウェア（SCM）等の開発・製造・販売を行っています。

「インダストリー」は、制御機器、モーター、FAデバイス、電子部品、電子材料等の開発・製造・販売を行っています。

「エナジー」は、車載用円筒形リチウムイオン電池、一次電池（乾電池、マイクロ電池）、小型二次電池（単品セルとそのシステム商品）等の開発・製造・販売を行っています。

「その他」は、報告セグメントに含まれない事業セグメントやその他の事業活動であり、テレビ、デジタルカメラ、ビデオ機器、オーディオ機器、固定電話、水まわり設備、内装建材、外装建材、原材料の販売等が含まれています。

7

最初は全体の売上に占める各セグメントの割合を押さえます。

▼パナソニック ホールディングス株式会社の2023年3月期の売上構成

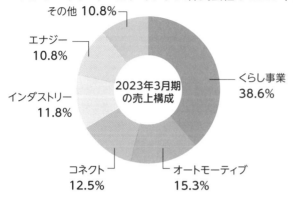

	売上高（百万円）	%
くらし事業	3,234,154	38.6%
オートモーティブ	1,283,261	15.3%
コネクト	1,051,531	12.5%
インダストリー	992,795	11.8%
エナジー	908,945	10.8%
その他	908,256	10.8%
売上合計	**8,378,942**	**100.0%**

※セグメント間取引は含んでいません。また端数のため構成比率の単純合計は
　100%になりません。
（出典：パナソニック ホールディング 2023 年 3 月期有価証券報告書より筆者作成）

会社のイメージ通り、家電を
中心とするくらし事業が大き
な割合を占めているね

　売上構成を見ると、くらし事業が38.6%と高く、それに続くのはオート
モーティブの15.3%です。その他の事業は10.8%〜12.5%になっていま
す。

　次に各セグメントの売上の成長率を見ます。パナソニックホールディン
グスは2022年3月期にセグメント区分を変更しているため、比較できるの
は、2022年3月期と2023年3月期です。また、2023年3月期に一部販売

部門の移管が行われているため、2023年3月期にあわせて組み替えた2022年3月期のセグメント情報を使用します。

▼パナソニック ホールディングス株式会社のセグメント売上高と成長率

セグメント売上高

	2022年3月期	2023年3月期	（単位：百万円）
くらし事業	2,921,708	3,234,154	
オートモーティブ	1,050,669	1,283,261	
コネクト	824,921	1,051,531	
インダストリー	1,015,602	992,795	
エナジー	710,778	908,945	
その他	865,113	908,256	
計	7,388,791	8,378,942	

※セグメント間取引は含んでいません。

売上高成長率

	2022年3月期	2023年3月期
くらし事業	100.0%	110.7%
オートモーティブ	100.0%	122.1%
コネクト	100.0%	127.5%
インダストリー	100.0%	97.8%
エナジー	100.0%	127.9%
その他	100.0%	105.0%
計	100.0%	113.4%

（出典：パナソニック ホールディング 2023年3月期有価証券報告書より筆者作成）

> 1年間で20%以上伸びているのは、オートモーティブ部門、コネクト部門、エナジー部門だね

7

売上高成長率をみると、オートモーティブ部門、コネクト部門、エナジー部門は20%以上売上が伸びています。くらし事業は10%、インダストリーは少しマイナスです。

　次にセグメント別の営業利益率を見ます。

▼パナソニック ホールディングス株式会社のセグメント別営業利益率
セグメント売上高

	2021 年度	2022 年度	（単位：百万円）
くらし事業	2,921,708	3,234,154	
オートモーティブ	1,050,669	1,283,261	
コネクト	824,921	1,051,531	
インダストリー	1,015,602	992,795	
エナジー	710,778	908,945	
その他	865,113	908,256	
計	7,388,791	8,378,942	

※セグメント間取引は含んでいません。

セグメント利益

	2021 年度	2022 年度	（単位：百万円）
くらし事業	108,221	103,104	
オートモーティブ	1,384	16,225	
コネクト	52,760	20,900	
インダストリー	83,235	66,796	
エナジー	66,789	33,225	
その他	37,701	56,742	
消去	7,436	△ 8,422	
計	357,526	288,570	

営業利益率

	2021 年度	2022 年度
くらし事業	3.7%	3.2%
オートモーティブ	0.1%	1.3%
コネクト	6.4%	2.0%
インダストリー	8.2%	6.7%
エナジー	9.4%	3.7%
その他	4.4%	6.2%
計	4.8%	3.4%

（出典：パナソニック ホールディング 2023 年 3 月期有価証券報告書より筆者作成）

オートモーティブ部門とその他部門を除くと、どの部門も営業利益率が下がっているね

　セグメント別の営業利益率を見ると、オートモーティブ部門は0.1%から1.3%、その他は4.4%から6.2%と改善されていますが、そのほかのセグメントは営業利益率が下がっています。

　今後は、売上高の伸びと合わせて、売上原価や販売費および管理費を押さえて、営業利益率を上げることが課題となります。

7

2 安全性はどう見ればよいか？

収益性の分析は少しわかってきたけれど、決算書を見れば会社の安全性がわかるってホント？

貸借対照表は財政状態を表すから、内容を分析すれば、会社の安全性を知ることもできるんだ

流動比率、当座比率とは？

　将来性だけではなく安全性も検討するのは、投資において重要なことです。今度は決算書の情報から会社の安全性を検討してみましょう。

　今度は決算書として、日本航空株式会社の決算書を取り上げ、順を追って、読んでいきます。日本航空株式会社は、ほとんどの方に知られている航空会社です。略称のJALの方がなじみ深いかもしれません。

　日本航空株式会社は、2010年（平成22年）東京地方裁判所に会社更生法の適用を申請しています。その後、政府と金融機関が出資する企業再生支援機構によって再生が進められ、2012年9月、東京証券取引所に再上場しています。

　その後、2019年に発生した新型コロナウイルスの影響によって、日本航空グループは一部路線の運休や大幅な減便を行わざるを得ませんでした。

　この節では、日本航空株式会社の決算書を読み解き、会社の安全性について分析を行います。

　最初に、主要な経営指標が記載されている「ハイライト情報」（【主要な経営指標等の推移】）に目を通します。

▼日本航空株式会社の連結経営指標等

EDINET提出書類
日本航空株式会社(E04272)
有価証券報告書

第一部【企業情報】
第1【企業の概況】
　1【主要な経営指標等の推移】
　　(1)連結経営指標等

回次	国際会計基準				
	移行日	第71期	第72期	第73期	第74期
決算年月	2019年4月1日	2020年3月	2021年3月	2022年3月	2023年3月
売上収益 (百万円)	－	1,385,914	481,225	682,713	1,375,589
財務・法人所得税前利益 (△は損失) (百万円)	－	88,807	△398,306	△239,498	64,563
親会社の所有者に帰属する当期利益 (△は損失) (百万円)	－	48,057	△286,693	△177,551	34,423
当期包括利益 (百万円)	－	34,298	△251,179	△149,054	18,257
親会社の所有者に帰属する持分 (百万円)	1,062,345	1,014,295	947,469	799,736	816,288
総資産額 (百万円)	2,153,648	1,982,254	2,107,279	2,375,724	2,520,603
1株当たり親会社所有者帰属持分 (円)	3,044.91	3,009.71	2,168.06	1,830.03	1,867.91
基本的1株当たり当期利益 (△は損失) (円)	－	140.04	△764.99	△406.29	78.77
希薄化後1株当たり当期利益 (円)	－	－	－	－	－
親会社所有者帰属持分比率 (％)	49.3	51.2	45.0	33.7	32.4
親会社所有者帰属持分当期利益率 (％)	－	4.6	△29.2	△20.3	4.3
株価収益率 (倍)	－	14.2	－	－	32.8
営業活動によるキャッシュ・フロー (百万円)	－	80,857	△219,519	△103,545	292,908
投資活動によるキャッシュ・フロー (百万円)	－	△233,725	△91,012	△173,769	△112,766
財務活動によるキャッシュ・フロー (百万円)	－	△38,810	388,624	359,280	△38,465
現金及び現金同等物の期末残高 (百万円)	522,064	329,149	408,335	494,226	639,247
従業員数 (外、平均臨時雇用人員) (名)	34,003 (999)	35,653 (1,144)	36,060 (815)	35,423 (663)	36,039 (856)

(注)　1.　希薄化後1株当たり当期利益は、潜在株式が存在しないため記載しておりません。
　　　2.　第72期および第73期の株価収益率については、基本的1株当たり当期損失であるため記載しておりません。
　　　3.　従業員数は、休職者および当社グループからグループ外への出向者を除き、グループ外から当社グループへの出向者を含みます。
　　　4.　臨時雇用者(人材会社からの派遣社員)については年間の平均人員数を( )外数で記載しております。
　　　5.　第72期より国際会計基準(以下、「IFRS」という。)に基づいて連結財務諸表を作成しております。
　　　6.　第74期において、企業結合に係る暫定的な会計処理の確定を行っており、第73期に係る各数値については、暫定的な会計処理の確定の内容を反映させております。

(出典：日本航空2023年3月期有価証券報告書)

7

ハイライト情報もどんな順序で見ればいいか、少しわかってきたぞ

日本航空株式会社は、2021年3月期から**国際会計基準（国際財務報告基**

準（IFRS））に基づいて、連結財務諸表を作成していること、2023年3月期に企業結合に係る暫定的な会計処理の確定を行っていることがわかります。

次に売上収益を確認します。日本航空株式会社の直近の4期の売上収益は、4,812億円から1兆3,859億円という規模です。特に2021年3月期、2022年3月期は新型コロナウイルスの影響による一部路線の運休や減便によって、売上収益が減少したことが読み取れます。

「親会社の所有者に帰属する当期純利益」を見ると、2021年3月期、2022年3月期はそれぞれ2,866億円、1,775億円の赤字となっていることがわかります。

数期間赤字を計上したとしても、過去に多額の利益を計上していて支払能力が十分にあれば、企業の存続に問題は生じません。財政状態を分析するため、日本航空株式会社の連結貸借対照表を読んでみましょう。

▼日本航空株式会社の連結貸借対照表

1 【連結財務諸表等】
（1） 【連結財務諸表】
　①【連結財政状態計算書】

	注記	前連結会計年度 （2022年3月31日）	当連結会計年度 （2023年3月31日）
		百万円	百万円
資産			
流動資産			
現金及び現金同等物	8 ,34	① 494,226	⑥ 639,247
営業債権及びその他の債権	9 ,26,34	② 120,322	⑦ 174,906
その他の金融資産	10,20,34	43,359	11,202
棚卸資産	11	③ 31,279	⑧ 36,747
その他の流動資産		61,316	60,776
流動資産合計		④ 750,504	⑨ 922,880
非流動資産			
有形固定資産	12,20		
航空機	19	887,212	839,205
航空機建設仮勘定		70,409	102,431
その他の有形固定資産		92,250	86,158
有形固定資産合計		1,049,871	1,027,795
のれん及び無形資産	7 ,13	91,703	83,310
投資不動産	14	2,915	3,296
持分法で会計処理されている投資	16	19,664	20,200
その他の金融資産	10,19, 20,34	152,233	158,638
繰延税金資産	17	284,287	278,655
退職給付に係る資産	22	4,496	8,522
その他の非流動資産		20,046	17,303
非流動資産合計		1,625,219	1,597,722
資産合計		2,375,724	2,520,603

（流動資産合計）

	注記	前連結会計年度 (2022年3月31日) 百万円	当連結会計年度 (2023年3月31日) 百万円
負債及び資本			
負債			
流動負債			
営業債務及びその他の債務	21,34	94,046	136,138
有利子負債	18,19, 20,34	86,786	111,968
その他の金融負債	18,34	16,564	58,749
未払法人所得税		3,602	2,642
契約負債	26	240,224	316,873
引当金	23	2,188	2,737
その他の流動負債		27,073	40,467
流動負債合計		⑤ 470,486	⑩ 669,578
非流動負債			
有利子負債	18,19, 20,34	841,677	813,535
その他の金融負債	18,34	26,464	9,331
繰延税金負債	17	4,108	3,505
引当金	23	26,289	23,908
退職給付に係る負債	22	151,028	132,355
その他の非流動負債		9,601	11,430
非流動負債合計		1,059,170	994,067
負債合計		1,529,657	1,663,645
資本	24		
資本金		273,200	273,200
資本剰余金		273,617	273,631
利益剰余金		176,406	225,644
自己株式		△408	△408
その他の包括利益累計額			
その他の包括利益を通じて公正価値で 測定する金融資産		35,512	38,384
キャッシュ・フロー・ヘッジの有効部分		41,018	4,812
在外営業活動体の外貨換算差額		390	1,024
その他の包括利益累計額合計		76,921	44,220
親会社の所有者に帰属する持分合計		799,736	816,288
非支配持分		46,330	40,669
資本合計		846,067	856,957
負債及び資本合計		2,375,724	2,520,603

（流動負債合計）

（出典：日本航空2023年3月期有価証券報告書）

流動資産と流動負債に
注目するんだね

　企業の短期的支払能力を評価するための指標として、流動比率と当座比率があります。

　流動比率は1年以内に現金化できる資産が、1年以内に返済すべき負債を

どれだけ上回っているかを表す指標です。　流動比率を見れば、会社の短期的な支払能力（短期安全性）がわかります。

　流動比率は以下の数式で計算されます。

$$流動比率（\%）= \frac{流動資産}{流動負債} \times 100$$

　流動資産は一年以内に現金化が予定される資産で、**流動負債**は一年以内に支払を要する負債です。

　流動比率が100%以上であるということは、流動資産が流動負債を上回っている、つまり短期的な支払能力が支払義務より大きいので、支払について余力があると推測できます。

　上記の数式を日本航空株式会社に当てはめると2022年3月期と2023年3月期の流動比率は以下のように計算できます。

〇2022年3月期

$$流動比率（\%）= \frac{④\,750{,}504}{⑤\,470{,}486} \times 100 = 159.5\%$$

〇2023年3月期

$$流動比率（\%）= \frac{⑨\,922{,}880}{⑩\,669{,}578} \times 100 = 137.8\%$$

　日本航空株式会社の流動比率は2022年3月期から2023年3月期にかけて、159.5%から137.8%に低下しています。短期的な安全性は下がってきているといえます。

　通常、流動比率が問題ない水準にある場合は次に当座比率を計算します。

　当座比率は以下の数式で計算されます。

$$当座比率（\%）= \frac{当座資産}{流動負債} \times 100$$

当座資産だけで考えるから、流動比率より厳しい指標になるね

　当座資産とは、流動資産のうちでも相対的に換金が容易な項目をいい，現金，預金，受取手形，売掛金，市場性のある一時所有の有価証券のほか，短期貸付金や未収金などがこれに含まれます。

　当座比率は、流動比率とは異なり分子に棚卸資産を含みません。棚卸資産はそれが販売されて現預金として回収されるまで支払能力がないため、理論的には当座比率のほうが流動比率より短期的支払能力の評価として厳密な算式です。

　過剰在庫を持っている企業ですと、流動比率は安全な数字に見えますが、当座比率は当然低くなります。

　日本航空株式会社の2022年3月期と2023年3月期の当座比率は以下のように計算できます。

○2022年3月期

$$\text{当座比率 (\%)} = \frac{① 494,226 + ② 120,322 + ③ 43,359}{⑤ 470,486} \times 100 = 139.8\%$$

※「その他の金融資産」を当座資産に含めています。

○2023年3月期

$$\text{当座比率 (\%)} = \frac{⑥ 639,247 + ⑦ 174,906 + ⑧ 11,202}{⑩ 669,578} \times 100 = 123.3\%$$

※「その他の金融資産」を当座資産に含めています。

前年と比べて当座比率が下がっているから、安全性も下がっているということだね

7

日本航空株式会社の当座比率は2022年3月期から2023年3月期にかけて、139.8%から123.3%に低下しています。当座比率から見ても、短期的な安全性は下がってきているといえます。

長期固定適合率はどう計算するの？

短期的な支払能力が低くても、長期的な支払能力が高い場合、現状の危機を乗り越えれば、企業は継続することができます。続いて、日本航空株式会社の長期的な支払能力を分析しましょう。

長期的支払能力や全体としての安全性の測定は、自己資本比率、負債比率、固定比率、長期固定適合率が指標となります。

それぞれの指標を計算してみましょう。

自己資本比率は以下の数式で計算されます。

$$自己資本比率（\%）= \frac{自己資本}{総資産} \times 100$$

自己資本比率が高ければ、返済義務のある負債の比率が低いことになります。そのため経営の安定度は高まります。これらは同時に、外部の債権者にとっても安全度が高く、融資に適していることを意味します。

計算のため、日本航空株式会社の連結貸借対照表を再掲します。

▼日本航空株式会社の連結貸借対照表（再掲）

1 【連結財務諸表等】
  （1）【連結財務諸表】
   ①【連結財政状態計算書】

	注記	前連結会計年度 （2022年3月31日） 百万円	当連結会計年度 （2023年3月31日） 百万円
資産			
流動資産			
現金及び現金同等物	8 ,34	494,226	639,247
営業債権及びその他の債権	9 ,26,34	120,322	174,906
その他の金融資産	10,20,34	43,359	11,202
棚卸資産	11	31,279	36,747
その他の流動資産		61,316	60,776
流動資産合計		750,504	922,880
非流動資産			
有形固定資産	12,20		
航空機	19	887,212	839,205
航空機建設仮勘定		70,409	102,431
その他の有形固定資産		92,250	86,158
有形固定資産合計		1,049,871	1,027,795
のれん及び無形資産	7 ,13	91,703	83,310
投資不動産	14	2,915	3,296
持分法で会計処理されている投資	16	19,664	20,200
その他の金融資産	10,19, 20,34	152,233	158,638
繰延税金資産	17	284,287	278,655
退職給付に係る資産		4,496	8,522
その他の非流動資産		① 20,046	⑤ 17,303
非流動資産合計		1,625,219	1,597,722
資産合計		② 2,375,724	⑥ 2,520,603

総資産

（出典：日本航空2023年3月期有価証券報告書）

資産合計が総資産
になるんだね

7

	注記	前連結会計年度 (2022年3月31日) 百万円	当連結会計年度 (2023年3月31日) 百万円
負債及び資本			
負債			
流動負債			
営業債務及びその他の債務	21,34	94,046	136,138
有利子負債	18,19, 20,34	86,786	111,968
その他の金融負債	18,34	16,564	58,749
未払法人所得税		3,602	2,642
契約負債	26	240,224	316,873
引当金	23	2,188	2,737
その他の流動負債		27,073	40,467
流動負債合計		470,486	669,578
非流動負債			
有利子負債	18,19, 20,34	841,677	813,535
その他の金融負債	18,34	26,464	9,331
繰延税金負債	17	4,108	3,505
引当金	23	26,289	23,908
退職給付に係る負債	22	151,028	132,355
その他の非流動負債		9,601	11,430
非流動負債合計		③ 1,059,170	⑦ 994,067
負債合計		1,529,657	1,663,645
資本	24		
資本金		273,200	273,200
資本剰余金		273,617	273,631
利益剰余金		176,406	225,644
自己株式		△408	△408
その他の包括利益累計額			
その他の包括利益を通じて公正価値で 測定する金融資産		35,512	38,384
キャッシュ・フロー・ヘッジの有効部分		41,018	4,812
在外営業活動体の外貨換算差額		390	1,024
その他の包括利益累計額合計		76,921	44,220
親会社の所有者に帰属する持分合計		④ 799,736	⑧ 816,288
非支配持分		46,330	40,669
資本合計		846,067	856,957
負債及び資本合計		2,375,724	2,520,603

（出典：日本航空2023年3月期有価証券報告書）

　日本航空株式会社の2022年3月期と2023年3月期の自己資本比率は以下のように計算できます。

○2022年3月期

$$自己資本比率（\%）= \frac{④799{,}736}{②2{,}375{,}724} \times 100 = 33.7\%$$

○2023年3月期

$$\text{自己資本比率 (\%)} = \frac{\text{⑧ 816,288}}{\text{⑥ 2,520,603}} \times 100 = 32.4\%$$

　日本取引所グループの公表している東証市場全体の決算短信集計結果によると、空運業の自己資本比率は2022年3月期が28.55%、2023年3月期が28.56%ですので、日本航空株式会社の自己資本比率は同業他社と比較して、低くないことがわかります。

（参考）日本取引所グループの調査レポート（https://www.jpx.co.jp/markets/statistics-equities/examination/index.html）

●固定比率、長期固定適合率

　2023年3月期の連結貸借対照表を概観すると、日本航空株式会社は航空機を含めた1兆277億円の有形固定資産を有しています。

　大規模な固定資産を保有する会社は、固定資産の取得とそれに必要な資金の調達を考える必要があります。長期的な投資は短期期間で回収できませんので、長期的な投資を短期的な資金でまかなうことはきわめて危険です。したがって、長期的投資は長期資金で行うのが、一般的な企業行動になります。

7

　このような長期的安全性を評価する指標が**固定比率**、**長期固定適合率**です。「固定比率」「固定長期適合率」はそれぞれ次の式から算出されます。

$$\text{固定比率 (\%)} = \frac{\text{固定資産}}{\text{自己資本}} \times 100$$

$$\text{固定長期適合率 (\%)} = \frac{\text{固定資産}}{\text{自己資本＋固定負債}} \times 100$$

どちらも固定資産を長期的な資金でまかなっているかどうかという指標ということだね

ここでは長期固定適合率を計算します。

○2022年3月期

$$\text{固定長期適合率 (\%)} = \frac{①1,625,219}{④799,736 + ③1,059,170} \times 100 = 87.4\%$$

○2023年3月期

$$\text{固定長期適合率 (\%)} = \frac{⑤1,597,722}{⑧816,288 + ⑦994,067} \times 100 = 88.3\%$$

指標を見ると固定資産は長期資金でまかなわれているね

　固定長期適合率は100%以下であることが望ましいとされています。日本航空株式会社の2022年3月期、2023年3月期の固定長期適合率はそれぞれ87.4%、88.3%で100%を下回っていますので、長期資金の範囲内で、固定資産投資が行われているということになります。

3 異常点を見つけるにはどう見ればよい？

財務三表の見方も分析方法もわかってきたけれど、この会社どうも危ないということがわかるにはどんなところに着目すればいいのかな？

主要な分析数値に異常がないことに注目することが一番だね。売上高総利益率はもちろんだけれど、売上債権回転期間や棚卸資産回転期間にも注意すべきかな

売上債権回転期間分析とは？

会社に異常が発生していないことを検討するのは、投資において重要なことです。この節では、会社の事業に異常が発生していないことを発見する上で有効な分析方法について、説明します。

会社間の取引は通常後払いで行われます。これは日々行われる取引が多いため、特定の日を締め日として、それまでの取引を集計し、まとめて請求することでお互い効率よく事務処理を行うことができるからです。

通常、締め日と支払日は会社間の契約で決められています。毎月20日に取引の集計を行い、翌月15日までに支払ってもらう場合を、20日締め15日払いなどといいます。また、取引代金の締日から代金を決済するまでの期間を**サイト**といいます。

売上債権回転期間は、売上債権がどのくらいの期間で回収されているのかを示す指標です。会社が現金の流れを管理する上でも重要な尺度になります。会社の取引先が問題なく支払いを行っていれば、売上債権回転期間は一定の月数になるはずです。

売上債権回転期間が短い場合、一般的には売上債権が現金化できるまでの期間が短いため、資金繰りが健全的かつ効率的であると考えられます。

　また、売上債権回転期間が長くなる場合は、支払い条件が変わったり、滞留債権の発生していることが考えられます。

　決算書として、株式会社ヤクルト本社の決算書を取り上げます。株式会社ヤクルト本社は、日本の飲料・食品・化粧品・医薬品メーカーです。最近ですと、1本 (100ml) に「乳酸菌　シロタ株」が1000億個入った、乳製品乳酸菌飲料ヤクルト1000が人気です。

　最初に、主要な経営指標が記載されている「ハイライト情報」(【主要な経営指標等の推移】) に目を通します。

> 売上債権回転期間が長くなるってどういうこと？

> 債権の回収が遅くなったということだね。極端に長くなった場合は要注意だよ

▼株式会社ヤクルト本社の連結経営指標等

1 【主要な経営指標等の推移】

(1) 最近5連結会計年度に係る主要な経営指標等の推移

回次		第67期	第68期	第69期	第70期	第71期
決算年月		2019年3月	2020年3月	2021年3月	2022年3月	2023年3月
売上高	(百万円)	407,017	406,004	385,706	415,116	483,071
経常利益	(百万円)	57,121	58,478	57,601	68,549	77,970
親会社株主に帰属する当期純利益	(百万円)	34,935	39,735	39,267	44,917	50,641
包括利益	(百万円)	16,271	29,026	37,085	69,441	94,015
純資産額	(百万円)	392,279	412,082	439,761	484,935	545,496
総資産額	(百万円)	618,532	627,871	635,102	672,855	749,419
1株当たり純資産額	(円)	2,229.80	2,330.58	2,523.81	2,812.63	3,195.09
1株当たり当期純利益	(円)	217.89	248.04	244.85	280.36	324.18
潜在株式調整後1株当たり当期純利益	(円)	—	—	—	—	—
自己資本比率	(%)	57.8	59.5	63.8	66.3	66.5
自己資本利益率	(%)	9.8	10.9	10.1	10.6	10.7
株価収益率	(倍)	35.5	25.8	22.9	23.3	29.7
営業活動によるキャッシュ・フロー	(百万円)	62,125	62,791	55,820	73,390	86,513
投資活動によるキャッシュ・フロー	(百万円)	△37,012	△16,060	△19,623	△11,875	△19,024
財務活動によるキャッシュ・フロー	(百万円)	△22,980	△25,631	△31,254	△45,156	△44,531
現金及び現金同等物の期末残高	(百万円)	103,171	124,561	122,766	150,725	190,489
従業員数	(人)	27,279	28,395	28,798	29,273	29,880

(注) 1 売上高には、消費税等は含まれていません。
2 従業員数は、就業人員数を表示しています。
3 潜在株式調整後1株当たり当期純利益については、潜在株式が存在しないため記載していません。
4 「収益認識に関する会計基準」（企業会計基準第29号 2020年3月31日）等を第70期の期首から適用しており、第70期以降に係る主要な経営指標等については、当該会計基準等を適用した後の指標等となっています。

7

（出典：ヤクルト本社2023年3月期有価証券報告書）

　株式会社ヤクルト本社は、2022年3月期から、「収益認識に関する会計基準」を適用していることがわかります。

　次に売上高を確認します。株式会社ヤクルト本社の直近の5期の売上高は、3,857億円から4,830億円という規模です。

　「親会社株主に帰属する当期純利益」を見ると、直近の5期で349億円から506億円とどの期も安定して利益を計上しています。

株式会社ヤクルト本社の売上債権回転期間がどうなっているのか、分析を行ってみましょう。

▼株式会社ヤクルト本社の連結貸借対照表と連結損益計算書

1 【連結財務諸表等】
 (1) 【連結財務諸表】
  ① 【連結貸借対照表】

(単位:百万円)

	前連結会計年度 (2022年3月31日)	当連結会計年度 (2023年3月31日)
資産の部		
流動資産		
現金及び預金	① ※1 202,941	⑦ ※1 241,185
受取手形及び売掛金 【売上債権】	※2 52,581	※2 60,139
商品及び製品	② 10,312	⑧ 10,383
仕掛品	2,170	2,578
原材料及び貯蔵品	③ 18,166	⑨ 23,741
その他	14,463	16,452
貸倒引当金	④ △236	⑩ △285
流動資産合計	300,398	354,195
固定資産		
有形固定資産		
建物及び構築物	※1 180,802	※1 197,724
減価償却累計額	△96,663	△103,953
建物及び構築物(純額)	84,139	93,771
機械装置及び運搬具	180,412	201,814
減価償却累計額	△127,447	△139,305
機械装置及び運搬具(純額)	52,964	62,508
土地	※1 43,084	※1 46,054
リース資産	28,061	30,699
減価償却累計額	△16,614	△18,226
リース資産(純額)	11,446	12,473
建設仮勘定	15,864	6,151
その他	28,684	30,503
減価償却累計額	△25,028	△26,339
その他(純額)	3,655	4,164
有形固定資産合計	211,156	225,122
無形固定資産		
ソフトウエア	2,447	2,269
その他	2,938	3,300
無形固定資産合計	5,386	5,570
投資その他の資産		
投資有価証券	67,628	66,000
関連会社株式	73,044	79,673
繰延税金資産	3,822	4,052
退職給付に係る資産	3,458	6,927
その他	8,044	7,962
貸倒引当金	△84	△85
投資その他の資産合計	155,913	164,531
固定資産合計	372,456	395,224
資産合計	672,855	749,419

(出典:ヤクルト本社2023年3月期有価証券報告書)

212

（単位：百万円）

	前連結会計年度 （2022年3月31日）	当連結会計年度 （2023年3月31日）
負債の部		
流動負債		
支払手形及び買掛金	26,039	28,958
短期借入金	※3 4,822	※3 3,208
1年内返済予定の長期借入金	※1 5,417	※1 45,839
リース債務	3,359	3,256
未払法人税等	4,324	11,539
賞与引当金	6,211	6,784
設備関係支払手形	2,294	2,440
その他	※4 36,811	※4 45,618
流動負債合計	89,281	147,645
固定負債		
長期借入金	※1 60,298	※1 14,559
リース債務	6,748	7,837
繰延税金負債	22,425	24,535
役員退職慰労引当金	345	360
退職給付に係る負債	4,280	4,279
資産除去債務	1,674	1,693
その他	2,866	3,011
固定負債合計	98,639	56,277
負債合計	187,920	203,922
純資産の部		
株主資本		
資本金	31,117	31,117
資本剰余金	41,116	41,572
利益剰余金	446,331	484,243
自己株式	△64,395	△81,927
株主資本合計	454,169	475,006
その他の包括利益累計額		
その他有価証券評価差額金	18,327	20,417
為替換算調整勘定	△24,086	3,991
退職給付に係る調整累計額	△2,342	△756
その他の包括利益累計額合計	△8,101	23,652
非支配株主持分	38,867	46,837
純資産合計	484,935	545,496
負債純資産合計	672,855	749,419

7

（出典：ヤクルト本社2023年3月期有価証券報告書）

(単位：百万円)

	前連結会計年度 (自 2021年4月1日 至 2022年3月31日)	当連結会計年度 (自 2022年4月1日 至 2023年3月31日)
売上高	⑤ ※1 415,116	⑪ ※1 483,071
売上原価	※2,※5 166,699	※2,※5 194,593
売上総利益	⑥ 248,416	⑫ 288,477
販売費及び一般管理費		
販売費	※3 92,187	※3 103,313
一般管理費	※4,※5 103,026	※4,※5 119,096
販売費及び一般管理費合計	195,213	222,409
営業利益	53,202	66,068
営業外収益		
受取利息	3,305	6,036
受取配当金	1,919	1,970
持分法による投資利益	6,432	2,638
為替差益	2,417	427
その他	2,693	3,176
営業外収益合計	16,768	14,250
営業外費用		
支払利息	680	666
支払手数料	97	418
その他	642	1,262
営業外費用合計	1,420	2,347
経常利益	68,549	77,970
特別利益		
固定資産売却益	※6 116	※6 598
投資有価証券売却益	2,398	1,267
段階取得に係る差益	※7 1,180	—
その他	582	※8 2,382
特別利益合計	4,279	4,248
特別損失		
固定資産売却損	※9 1,184	※9 23
固定資産除却損	※10 538	※10 1,214
投資有価証券売却損	—	1,128
減損損失	※11 1,622	※11 1,324
その他	3	—
特別損失合計	3,349	3,690
税金等調整前当期純利益	69,479	78,529
法人税、住民税及び事業税	14,925	21,959
法人税等調整額	5,271	677
法人税等合計	20,197	22,636
当期純利益	49,281	55,892
非支配株主に帰属する当期純利益	4,364	5,251
親会社株主に帰属する当期純利益	44,917	50,641

売上高

（出典：ヤクルト本社2023年3月期有価証券報告書）

連結貸借対照表と連結損益計算書を使って、
売上債権回転期間を計算するんだね

売上債権回転期間は以下の数式で計算されます。

$$売上債権回転期間（月）＝\frac{売上債権の平均}{売上高}×12か月$$

　売上債権は受取手形と売掛金になります。また、売上債権の平均は通常期首（前期末）と期末の平均を計算します。

　上記の資料だけでは、「受取手形及び売掛金」の2021年3月末の金額がわかりませんので、この数字は前期の有価証券報告書を参照します。

▼株式会社ヤクルト本社の連結貸借対照表（一部）

①【連結貸借対照表】

（単位：百万円）

	前連結会計年度 (2021年3月31日)		当連結会計年度 (2022年3月31日)	
資産の部				
流動資産				
現金及び預金	※1	176,254	※1	202,941
受取手形及び売掛金	⑬	50,307	※2	52,581
商品及び製品	⑭	10,018		10,312
仕掛品		2,175		2,170
原材料及び貯蔵品	⑮	15,540		18,166
その他	⑯	12,712		14,463
貸倒引当金		△209		△236
流動資産合計		266,800		300,398

売上債権

（出典：ヤクルト本社2022年3月期有価証券報告書）

> 分析によっては、過去の有価証券報告書も利用するんだね

　株式会社ヤクルト本社の2022年3月期と2023年3月期の売上債権回転期間は以下のように計算できます。

○2022年3月期

$$売上債権回転期間（月）＝\frac{（⑬50,307＋①52,581）÷2}{⑤415,116}×12か月$$
$$＝1.49か月$$

○2023年3月期

$$売上債権回転期間（月）＝\frac{（①52,581＋⑦60,139）÷2}{⑪483,071}×12か月$$

$$＝1.40か月$$

> 前期と比べて売上債権回転期間は短くなっているから、良くなっているということだね

　「法人企業統計調査（財務省　財務総合政策研究所）」によると、食品製造業の売上債権回転期間※は平成22年3月期が1.61か月、平成23年3月期が1.58か月です。株式会社ヤクルト本社の売上債権回転期間はそれぞれ1.49か月、1.40か月ですので、食品製造業の中で、売上債権回転期間は短い方と考えられます。

※（食品製造業の売上債権回転期間の出典：財務省　財務総合政策研究所　時系列データ（e-Stat）
　（https://www.e-stat.go.jp/dbview?sid=0003060791））

棚卸資産回転期間分析では何がわかる？

　会社の事業が効率的に行われていることを判断する指標の一つに棚卸資産回転期間があります。

　棚卸資産回転期間は、商品を仕入れてからどのくらいの期間で販売されているのかを示す指標です。会社が在庫を管理する上でも重要な尺度になります。会社の仕入れた商品が計画通り販売されていれば、棚卸資産回転期間はそれほど長くならないはずです。

　棚卸資産回転期間が短い場合、棚卸資産が滞留しないで、早期に収益化できていると考えられます。

　また、棚卸資産回転期間が長くなる場合は、仕入れた商品が計画通り販売

されていなかったり、滞留在庫の発生していることが考えられます。

棚卸資産回転期間は以下の数式で計算されます。

$$棚卸資産回転期間（月）＝\frac{棚卸資産の平均}{売上原価}×12か月$$

棚卸資産がどれだけ滞留しているかわかるんだ

棚卸資産には、「商品および製品」「仕掛品」「原料および貯蔵品」の合計です。棚卸資産の平均は通常期首（前期末）と期末の平均を計算します。

前項の連結貸借対照表、連結損益計算書を用いて、株式会社ヤクルト本社の2022年3月期と2023年3月期の棚卸資産回転期間を計算すると、以下のように計算できます。

○2022年3月期

棚卸資産回転期間（月）

$$=\frac{\{(⑭10,018＋⑮2,175＋⑯15,540)＋(②10,312＋③2,170＋④18,166)\}÷2}{⑥166,699}×12か月$$

＝2.10か月

7

○2023年3月期

棚卸資産回転期間（月）

$$=\frac{\{(②10,312＋③2,170＋④18,166)＋(⑧10,383＋⑨2,578＋⑩23,741)\}÷2}{⑫194,593}×100$$

＝2.08か月

前期と比べて棚卸資産回転期間は短くなっているぞ

株式会社ヤクルト本社の棚卸資産回転期間は2022年3月期が2.10か月、2023年3月期が2.08か月と計算できました。

　この数値を、同じように計算した同業他社、食品製造業全体などの棚卸資産回転期間と比較することで、在庫管理の巧拙について評価することができます。

4 1株当たり情報とは？

注記の終りの方に1株当たり情報というのがあるけれど、いったい何を表しているの

1株当たりの「純資産」や「当期純利益」を計算すると、1株当たりの価値や会社の収益力、成長性がわかるんだ

1株当たり情報の開示

　最後に決算書で開示されている1株当たり情報について説明します。①1株当たり純資産額、②1株当たり当期純利益金額または当期純損失金額、③潜在株式調整後1株当たり当期純利益金額を合わせて、1株当たり情報といいます。

▼1株当たり情報

7

```
　　　　　　1株当たり情報

①1株当たり純資産額
②1株当たり当期純利益金額
　　または、当期純損失金額
③潜在株式調整後1株当たり当期純利益金額
```

▼ 1株当たり情報の開示例

29. 1株当たり情報
    1株当たり親会社所有者帰属持分は、次のとおりです。

	前連結会計年度末 （2022年3月31日）	当連結会計年度末 （2023年3月31日）
1株当たり親会社所有者帰属持分	1,356円08銭	1,550円23銭

基本的1株当たり親会社の所有者に帰属する当期純利益及び希薄化後1株当たり親会社の所有者に帰属する当期純利益の調整計算は、次のとおりです。

	前連結会計年度 （自 2021年4月1日 至 2022年3月31日）	当連結会計年度 （自 2022年4月1日 至 2023年3月31日）
親会社の所有者に帰属する当期純利益	255,334百万円	265,502百万円
当期純利益調整額	△11百万円	△9百万円
基本的1株当たり当期純利益の計算に使用する当期純利益	255,323百万円	265,493百万円
当期純利益調整額	11百万円	9百万円
希薄化後1株当たり当期純利益の計算に使用する当期純利益	255,334百万円	265,502百万円
期中平均普通株式数	2,333,538,585株	2,333,947,462株
希薄化効果		
ストックオプションによる普通株式増加数	942,063株	742,216株
譲渡制限付株式報酬制度による普通株式増加数	98,477株	76,685株
希薄化後の期中平均普通株式数	2,334,579,125株	2,334,766,363株
基本的1株当たり親会社の所有者に帰属する当期純利益	109円41銭	113円75銭
希薄化後1株当たり親会社の所有者に帰属する当期純利益	109円37銭	113円72銭

（出典：パナソニック ホールディングス2023年3月期有価証券報告書）

1株当たり純資産額の計算

　①1株当たり純資産額（親会社所有者帰属持分）は純資産額を発行済み株式総数で割って算出します。

　下記の数式にある普通株式とは株式市場で売買される一般的な株式のことです。会社は普通株式の株主より優先して配当や残余財産の分配を受ける権利を認める優先株やその反対の劣後株など数種の株式を発行することができます。これらの株式と区別するため、株式市場で売買される一般的な株式を普通株式といいます。

下記の数式にある自己株式とは、自社が保有する自社の発行した株式です。この事例では、パナソニックホールディングスが保有するパナソニックホールディングス株式になります。

$$1株当たり純資産額 = \frac{普通株式に係る純資産}{期末の普通株式の発行済株式数 - 期末の自己株式数}$$

　1株当たり純資産の金額が大きいほど、企業が解散・清算した場合に株主に残る価値が高いとみなされます。

　パナソニックホールディングスの当連結会計年度末の1株当たり純資産は以下のように計算されています。

$$1株当たり純資産額 = \frac{普通株式に係る純資産}{期末の普通株式の発行済株式数 - 期末の自己株式数}$$

$$= \frac{❶3,618,402百万円}{❷2,454,056,597株 - ❸119,943,749株}$$

$$= 1,550円23銭$$

(注：実際の計算は百万円以下の金額も含んで行うため、上記の計算を行った場合、若干の差異が出る場合があります。)

> こんな風に自分で計算することもできるんだね

▼貸借対照表と発行済株式総数（普通株式）

(単位：百万円)

	注記番号	前連結会計年度末 （2022年3月31日）	当連結会計年度末 （2023年3月31日）
負債			
流動負債			
短期負債及び一年以内返済長期負債	15	432,897	159,231
リース負債	30	60,515	59,895
営業債務	16	1,163,578	1,156,909
未払金及び未払費用		500,601	506,062
その他の金融負債	19	160,534	146,213
未払法人所得税		45,123	57,139
引当金	18	137,032	148,210
契約負債	23	174,325	191,356
その他の流動負債	20	390,859	448,405
流動負債合計		3,065,464	2,873,420
非流動負債			
長期負債	15	1,197,706	1,050,116
リース負債	30	206,166	187,865
その他の金融負債	19	30,412	6,905
退職給付に係る負債	17	68,855	53,580
引当金	18	8,804	6,582
繰延税金負債	13	81,983	70,678
契約負債	23	12,771	13,575
その他の非流動負債	20	4,251	6,848
非流動負債合計		1,610,948	1,396,149
負債合計		4,676,412	4,269,569
資本	21		
親会社の所有者に帰属する持分			
資本金		259,168	259,274
資本剰余金		525,554	515,760
利益剰余金	3,31	2,387,283	2,588,800
その他の資本の構成要素	3,31	202,227	463,764
自己株式		△209,270	△209,196
親会社の所有者に帰属する持分合計	29	3,164,962	❶ 3,618,402
非支配持分	32	182,209	171,556
資本合計		3,347,171	3,789,958
負債及び資本合計		8,023,583	8,059,527

（出典：パナソニック ホールディングス 2023年3月期有価証券報告書）

（3）発行済株式数（普通株式）

①	期末発行済株式数（自己株式を含む）	2023年3月期	❷ 2,454,056,597株	2022年3月期	2,453,866,297株
②	期末自己株式数	2023年3月期	119,943,749株	2022年3月期	119,969,766株
③	期中平均株式数	2023年3月期	❸ 2,333,947,462株	2022年3月期	2,333,538,585株

（出典：パナソニック ホールディングス 2023年3月期決算短信）

1株当たり当期純利益の計算

②1株当たり当期純利益(基本的1株当たり親会社の所有者に帰属する当期純利益)は収益力と成長性を知る尺度といわれます。

1株当たり当期純利益は企業の規模にかかわらず、1株当たりの利益の大きさを表すので、数値が高いほど企業の収益力は高いと考えることができます。

また、同じ企業の1株当たり当期純利益を前期と比較することで、会社が成長しているかどうかを知ることもできます。

1株当たり当期純利益は、普通株式に係る当期純利益を普通株式の期中平均株式数で除して算定します。

$$1株当たり当期純利益 = \frac{普通株式に係る当期純利益}{普通株式の期中平均株式数}$$

期中、新たに株式が発行される場合もあるので、1株当たり当期純利益を計算する分母の株式数は、普通株式の期中平均株式数になります。1株当たり当期純利益は、「Earnings Per Share」の略として、EPSともいわれます。

パナソニックホールディングスの当連結会計年度の1株当たり当期純利益は以下のように計算されています。

$$1株当たり当期純利益 = \frac{普通株式に係る当期純利益}{普通株式の期中平均株式数}$$

$$= \frac{④265,493百万円}{⑥2,333,947,462株}$$

$$= 113円75銭$$

(注:実際の計算は百万円以下の金額も含んで行うため、上記の計算を行った場合、若干の差異が出る場合があります。)

潜在株式調整後1株当たり当期純利益金額の計算

　会社が新株予約権等のワラントを発行している場合、権利の行使を仮定することにより計算される1株当たり当期純利益が、③潜在株式調整後1株当たり当期純利益金額（希薄化後1株当たり親会社の所有者に帰属する当期純利益）です。

　新株予約権の行使金額が株価を下回るような場合、権利の行使者は既存の株主よりも安く株式を入手できますが、既存の株主には逆に自分の株式の価値が希薄化してしまいます。この希薄化効果を考慮に入れた1株当たり当期純利益が潜在株式調整後1株当たり当期純利益金額です。

　潜在株式調整後1株当たり当期純利益金額は、「普通株式に係る当期純利益」に「希薄化効果を有する潜在株式に係る当期純利益調整額」を加えた合計金額を、「普通株式の期中平均株式数」に「希薄化効果を有するおのおのの潜在株式に係る権利行使を仮定した場合の普通株式増加数」を加えた合計株式数で除して算定します。

潜在株式調整後1株当たり当期純利益金

$$= \frac{普通株式に係る当期純利益＋当期純利益調整額}{普通株式の期中平均株式数＋普通株式増加数}$$

　パナソニックホールディングスの当連結会計年度の潜在株式調整後1株当たり当期純利益金は以下のように計算されています。

潜在株式調整後1株当たり当期純利益金

$$= \frac{普通株式に係る当期純利益＋当期純利益調整額}{普通株式の期中平均株式数＋普通株式増加数}$$

$$= \frac{⑤265,502百万円}{⑦2,334,766,363株}$$

$$= 113円72銭$$

（注：実際の計算は百万円以下の金額も含んで行うため、上記の計算を行った場合、若干の差異が出る場合があります。）

▼一株当たり情報

29. 1株当たり情報

1株当たり親会社所有者帰属持分は、次のとおりです。

	前連結会計年度末 （2022年3月31日）	当連結会計年度末 （2023年3月31日）
1株当たり親会社所有者帰属持分	1,356円08銭	1,550円23銭

基本的1株当たり親会社の所有者に帰属する当期純利益及び希薄化後1株当たり親会社の所有者に帰属する当期純利益の調整計算は、次のとおりです。

	前連結会計年度 （自　2021年4月1日 至　2022年3月31日）	当連結会計年度 （自　2022年4月1日 至　2023年3月31日）
親会社の所有者に帰属する当期純利益	255,334百万円	265,502百万円
当期純利益調整額	△11百万円	△9百万円
基本的1株当たり当期純利益の計算に使用する当期純利益	255,323百万円	④ 265,493百万円
当期純利益調整額	11百万円	9百万円
希薄化後1株当たり当期純利益の計算に使用する当期純利益	255,334百万円	⑤ 265,502百万円
期中平均普通株式数	2,333,538,585株	⑥ 2,333,947,462株
希薄化効果		
ストックオプションによる普通株式増加数	942,063株	742,216株
譲渡制限付株式報酬制度による普通株式増加数	98,477株	76,685株
希薄化後の期中平均普通株式数	2,334,579,125株	⑦ 2,334,766,363株
基本的1株当たり親会社の所有者に帰属する当期純利益	109円41銭	113円75銭
希薄化後1株当たり親会社の所有者に帰属する当期純利益	109円37銭	113円72銭

（出典：パナソニック ホールディングス2023年3月期有価証券報告書）

7

225

第8章
もっと決算書を読んでみよう

1 営業収益、当期純利益の減少原因は何？

これまでの説明で、決算書の読み方はだいたいわかってきたよ

それでは、早速実践だ。実際に決算書をダウンロードして、自分の力で読んでみようよ

営業収益、親会社株主に帰属する当期純利益の減少原因は？

第7章まで読まれた方は、決算書の基本的な読み方を理解されたと思います。

ここではいくつかの会社の決算書を取り上げ、第7章までで説明できなかった決算書を読む際に注意しなければならないポイントのいくつかについて、説明します。

最初に取り上げる会社は東海旅客鉄道株式会社です。通称のJR東海の方がなじみのある呼び方と思います。以下ではJR東海グループという通称で説明します。

第1 企業の概況 3.【事業の内容】を読むと、JR東海グループは、運輸業のほか、流通業、不動産業、ホテル業・旅行業・広告業等を含むその他を営んでいることがわかります。

会社の行っている事業の概略を理解したら、まずは、主要な経営指標の推移（ハイライト情報）に目を通しましょう。

▼東海旅客鉄道株式会社の連結経営指標等

第1【企業の概況】

1【主要な経営指標等の推移】

(1) 連結経営指標等

回次		第32期	第33期	第34期	第35期	第36期
決算年月		平成31年3月	令和2年3月	令和3年3月	令和4年3月	令和5年3月
営業収益	(百万円)	1,878,137	1,844,647	823,517	935,139	1,400,285
経常利益又は経常損失（△）	(百万円)	632,653	574,282	△262,064	△67,299	307,485
親会社株主に帰属する当期純利益又は親会社株主に帰属する当期純損失（△）	(百万円)	438,715	397,881	△201,554	△51,928	219,417
包括利益	(百万円)	446,213	388,418	△165,901	△52,144	223,631
純資産額	(百万円)	3,508,065	3,872,103	3,686,609	3,609,252	3,807,110
総資産額	(百万円)	9,295,745	9,603,126	9,600,370	9,450,519	9,514,409
1株当たり純資産額	(円)	17,703.74	19,514.81	18,510.87	18,110.23	19,101.99
1株当たり当期純利益又は1株当たり当期純損失（△）	(円)	2,238.95	2,027.86	△1,025.46	△263.87	1,114.93
潜在株式調整後1株当たり当期純利益	(円)	－	－	－	－	－
自己資本比率	(%)	37.3	39.9	37.9	37.7	39.5
自己資本利益率	(%)	13.4	10.9	△5.4	△1.4	6.0
株価収益率	(倍)	11.48	8.54	－	－	14.18
営業活動によるキャッシュ・フロー	(百万円)	600,319	595,227	△169,354	71,746	486,706
投資活動によるキャッシュ・フロー	(百万円)	△597,502	△552,494	△134,718	△153,049	△175,036
財務活動によるキャッシュ・フロー	(百万円)	△33,635	△32,993	262,638	△19,178	△220,604
現金及び現金同等物の期末残高	(百万円)	751,636	761,376	719,941	619,460	710,526
従業員数[外、平均臨時雇用者数]	(人)	29,128 [8,799]	29,603 [9,112]	30,153 [8,078]	30,323 [7,477]	29,854 [7,222]

(注) 1 各期の連結子会社数及び持分法適用会社数は次のとおりです。

回次	第32期	第33期	第34期	第35期	第36期
連結子会社数	29	29	29	29	29
持分法適用会社数	2	2	2	2	2

2 第32期、第33期及び第36期の潜在株式調整後1株当たり当期純利益については、潜在株式が存在しないため記載していません。

3 第34期及び第35期の潜在株式調整後1株当たり当期純利益については、1株当たり当期純損失であり、また、潜在株式が存在しないため記載していません。

4 第34期及び第35期の株価収益率については、親会社株主に帰属する当期純損失であるため記載していません。

（出典：東海旅客鉄道株式会社2023年3月期有価証券報告書）

8

229

鉄道会社の売上や利益はそれほどブレがないと思っていたけれど、ずいぶん年によって違うものだね

2021年（令和3年）3月期、2022年（令和4年）3月期は新型コロナウイルスの流行で、旅行する人や通勤がずいぶん減っただろう。その影響を受けているんだ

　主要な経営指標の推移（ハイライト情報）の見方は少し慣れてきたでしょうか。第7章冒頭でも説明しましたが、慣れないうちは①脚注、②営業収益（売上高）③親会社株主に帰属する当期純利益④総資産額（資産合計）に目を通すのが良いと思います。

　「①脚注」を見ると、1）この5年間で連結子会社数、関連会社数が変わっていないこと、2）新株予約権などによる潜在株式が存在しないこと、3）当期純損失となっている期のあったことがわかります。

　次に「②営業収益」「③親会社株主に帰属する当期純利益」に目を移します。まず、②営業収益ですが、2019年（平成31年）3月期、2020年（令和2年）3月期は1兆8,000億円台です。ところが、2021年（令和3年）3月期には、8,235億円と半分以下になっています。同じように③親会社株主に帰属する当期純利益も、2019年（平成31年）3月期、2020年（令和2年）3月期は4,000億円前後でしたが、2021年（令和3年）3月期には、2,015億円の赤字になっています。

　2022年（令和4年）3月期③親会社株主に帰属する当期純利益は519億円の赤字と前期と比べて、赤字は減少しましたが、営業収益は9,351億円と低い水準です。

　2023年（令和5年）3月期は、営業収益1兆4,002億円、③親会社株主に帰属する当期純利益2,149億円となり、営業収益、利益ともに2020年（令和2年）3月期の水準に戻りつつあります。

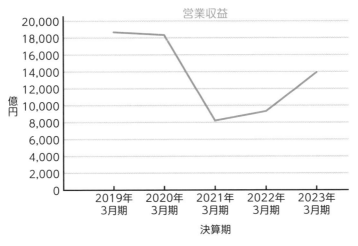

▼東海旅客鉄道株式会社の営業収益、親会社株主に帰属する当期純利益の推移（2019年3月期から2023年3月期）

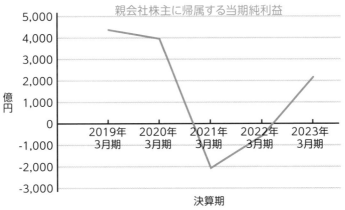

JR東海グループの収益、親会社株主に帰属する当期純利益が2021年3月期に大きく落ち込んだ主要な原因が社会的に猛威を振るった2019年に発生した新型コロナウイルス感染症の影響であることは明らかです。

新型コロナウイルス感染症のように、企業の業績に多大な影響を与える事象が発生した場合は、それが業績に与える影響、今後の見込みについて特に留意して、決算書を読む必要があります。

また、第2章4節で説明したように、上場企業は会社の評価に影響を与え

8

る事象が発生した場合、適切なタイミングにわかりやすい内容で公表することが義務付けられています。

　JR東海グループは2020年（令和2年）10月28日、2021年（令和3年）2月22日に新型コロナウイルス感染症の影響による通期業績予想の修正を公表しています。

　決算説明会では、最終的に、2021年（令和3年）3月期の営業収益に、1兆220億円の新型コロナウイルス感染症による影響があったことが説明されています。

▼ 新型コロナウイルス感染症の影響、コスト削減実績

新型コロナウイルス感染症の影響、コスト削減実績　16

■ 新型コロナウイルス感染症の収入への影響（前年度との比較）

・営業収益（単体）への影響：
　　　　　　△8,890億円程度

・営業収益（連結）への影響：
　　　　　　△10,220億円程度

（参考）各セグメントにおける影響

セグメント	収入への影響	概要
運輸業	△8,920億円程度	運輸収入の減、等
流通業	△980億円程度	百貨店・店舗売上の減、等
不動産業	△90億円程度	各地区における駅ビル収入の減、等
その他	△220億円程度	宿泊収入や旅行商品収入の減、等

■ コスト削減実績

（億円）

	当社		グループ会社		合計
	損益	設備投資	損益	設備投資	
2020年度計画	400	150 付帯損益80含む	130	80	680 付帯損益80を除外
2020年度実績	630	200 付帯損益80含む	150	100	1,000 付帯損益80を除外

※ 当社の設備投資には付帯損益を含むため、個別の積み上げは合計と一致しない

（出典：東海旅客鉄道株式会社2021年3月期決算説明会資料）

新型コロナウイルス感染症流行前はどうだったか

　過去の決算書を読み、新型コロナウイルス感染症流行前のJR東海グループの業績を確認してみましょう。

第1【企業の概況】

1【主要な経営指標等の推移】
(1) 連結経営指標等

回次		第28期	第29期	第30期	第31期	第32期
決算年月		平成27年3月	平成28年3月	平成29年3月	平成30年3月	平成31年3月
営業収益	(百万円)	1,672,295	1,738,409	1,756,980	1,822,039	1,878,137
経常利益	(百万円)	428,134	511,455	563,973	583,569	632,653
親会社株主に帰属する当期純利益	(百万円)	264,134	337,440	392,913	395,502	438,715
包括利益	(百万円)	268,921	312,322	399,856	404,198	446,213
純資産額	(百万円)	2,063,967	2,352,566	2,726,729	3,084,739	3,508,065
総資産額	(百万円)	5,217,982	5,268,544	7,052,675	8,908,682	9,295,745
1株当たり純資産額	(円)	10,265.27	11,770.36	13,681.22	15,602.66	17,703.74
1株当たり当期純利益金額	(円)	1,342.15	1,714.64	1,996.52	2,015.48	2,238.95
潜在株式調整後1株当たり当期純利益金額	(円)	－	－	－	－	－
自己資本比率	(%)	38.7	44.0	38.2	34.3	37.3
自己資本利益率	(%)	14.0	15.6	15.7	13.8	13.4
株価収益率	(倍)	16.20	11.61	9.09	9.99	11.48
営業活動によるキャッシュ・フロー	(百万円)	570,806	601,495	580,565	609,595	600,319
投資活動によるキャッシュ・フロー	(百万円)	△263,970	△170,305	△1,909,547	△1,676,489	△597,502
財務活動によるキャッシュ・フロー	(百万円)	△252,279	△242,847	1,425,188	1,434,788	△33,635
現金及び現金同等物の期末残高	(百万円)	130,002	318,352	414,559	782,454	751,636
従業員数 [外、平均臨時雇用者数]	(人)	28,741 [7,777]	28,706 [8,052]	28,593 [8,275]	28,867 [8,494]	29,128 [8,799]

(注) 1 各期の連結子会社数及び持分法適用会社数は次のとおりです。

回次	第28期	第29期	第30期	第31期	第32期
連結子会社数	29	28	29	29	29
持分法適用会社数	2	2	2	2	2

2 潜在株式調整後1株当たり当期純利益金額については、潜在株式が存在しないため記載していません。

（出典：東海旅客鉄道株式会社2019年3月期有価証券報告書）

8

　2019年（平成31年）3月期以前の営業収益、親会社株主に帰属する当期純利益を過去の有価証券報告書で確認すると、2015年3月期から2019年

3月期までで、営業収益は1兆6,722億円から1兆8,781億円、親会社株主に帰属する当期純利益は2,641億円から4,387億円と順調に成長していたことがわかります。

新型コロナウイルス感染症の流行が収まってくれば、営業収益、親会社株主に帰属する当期純利益も以前の水準に戻ることが期待できます。

▼東海旅客鉄道株式会社の営業収益、親会社株主に帰属する当期純利益の推移（2015年3月期から2019年3月期）

業績に影響を与える大きな出来事があった場合は、その影響を考慮し、会社の実力を客観的に判断する必要があります。

　また、会社は運輸事業、流通・サービス事業、不動産・ホテル事業、その他事業に区分したセグメント情報を開示しています。過去のセグメント情報と比較することにより、どの事業が新型コロナウイルス感染症の流行によって、どの程度影響を受けたかを理解することができます。実際に決算書を見て、確認してみてください。

8

2 売上減少の原因は何？

 社会的な出来事を頭に入れて、決算書を読む必要のあることがわかったよ

 じゃあ次の決算書を見てみよう。2022年3月期に売上が大きく減少しているけれど、原因はわかるかな？

会計基準の変更に留意しよう

　次に株式会社三越伊勢丹ホールディングスを取り上げます。

　三越、伊勢丹はともに有名な百貨店です。2011年4月1日に両社は合併しています。

　第1 企業の概況 3.【事業の内容】を読むと、三越伊勢丹ホールディングスは、百貨店業だけではなく、クレジット・金融・友の会業、不動産業、製造・輸出入などのその他事業を営んでいることがわかります。

　事業の内容を理解したところで、主要な経営指標の推移（ハイライト情報）に目を通しましょう。

 百貨店はもちろん知っていたけど、クレジットや不動産、製造、輸出入を営んでいることは、【事業の内容】に目を通さないと、気がつかないな

▼株式会社三越伊勢丹ホールディングスの連結経営指標等

1 【主要な経営指標等の推移】

(1) 連結経営指標等

回次		第11期	第12期	第13期	第14期	第15期	
決算年月		2019年3月	2020年3月	2021年3月	2022年3月	2023年3月	
売上高	(百万円)	1,196,803	1,119,191	816,009	418,338	487,407	②
経常利益 又は経常損失 (△)	(百万円)	31,995	19,771	△17,171	9,520	30,017	③
親会社株主に帰属する 当期純利益又は親会社株 主に帰属する当期純損失 (△)	(百万円)	13,480	△11,187	△41,078	12,338	32,377	
包括利益	(百万円)	2,520	△17,794	△39,528	26,122	39,142	
純資産額	(百万円)	585,715	550,161	508,275	517,660	552,519	
総資産額	(百万円)	1,247,427	1,223,800	1,198,303	1,168,574	1,217,308	④
1株当たり純資産額	(円)	1,475.74	1,426.61	1,317.23	1,341.41	1,430.07	
1株当たり当期純利益 又は1株当たり当期純損 失 (△)	(円)	34.58	△28.90	△107.96	32.36	84.82	
潜在株式調整後 1株当たり当期純利益	(円)	34.41	—	—	32.26	84.62	
自己資本比率	(%)	46.1	44.3	41.9	43.8	44.9	
自己資本利益率	(%)	2.3	△2.0	△7.9	2.5	6.1	
株価収益率	(倍)	32.4	—	—	29.9	17.5	
営業活動による キャッシュ・フロー	(百万円)	28,286	16,281	1,197	37,914	66,301	
投資活動による キャッシュ・フロー	(百万円)	△22,450	△9,965	△4,737	△17,371	△27,026	
財務活動による キャッシュ・フロー	(百万円)	△9,063	20,259	29,733	△39,927	△16,198	
現金及び現金同等物 の期末残高	(百万円)	50,147	76,659	102,797	84,472	109,039	
従業員数 (外 平均臨時雇用者数)	(名)	13,211 (10,521)	12,453 (9,146)	11,588 (8,419)	9,691 (7,566)	9,745 (7,803)	①

(注) 1　第12期及び第13期の潜在株式調整後1株当たり当期純利益及び株価収益率については、当期純損失のため記載しておりません。
　　　2　第12期より、国際財務報告基準に準拠した財務諸表を作成している在外連結子会社等について国際財務報告基準第16号「リース」を適用しております。なお、累積的影響を適用開始日に認識する方法を採用しているため、第11期以前の過年度情報を修正再表示しておりません。
　　　3　第14期より「収益認識に関する会計基準」（企業会計基準第29号　2020年3月31日）等を適用しており、第14期以降に係る主要な経営指標については、当該会計基準等を適用した後の指標となっております。

8

（出典：株式会社三越伊勢丹ホールディングス2023年3月期有価証券報告書）

2022年3月期に売上高が前期の半分くらいになっているな。これも新型コロナウイルス流行の影響なの？

新型コロナウイルスの流行も影響はあったかもしれないけれど、もっと大きな原因があるよ。脚注をよく読んでみよう

三越伊勢丹ホールディングスの主要な経営指標の推移（ハイライト情報）に目を通すと、2022年3月期の売上高が4,183億円と前期の半分近くに減少している点が目につきます。百貨店事業も新型コロナウイルス感染症の影響を受けたことはいうまででもありませんが、この影響は2021年3月期からすでに現れているはずです。2021年3月期と2022年3月期の間にいったい何があったのでしょうか。

　もう一度①脚注に戻ります。脚注には「第14期より「収益認識に関する会計基準」等を適用しており、第14期以降に係る主要な経営指標については、当該会計基準等を適用した後の指標となっております。」という記載があります。この「収益認識に関する会計基準」の適用が売上高の数字が大きく変わった原因です。

「収益認識に関する会計基準」でどこが変わった？

　会計基準は財務諸表を作成するルールです。会計基準が変わると、通常、合計する金額や表示に使う科目が変わることになります。

　「収益認識に関する会計基準」で変わったのはどこでしょうか。

　百貨店や大型ショッピングセンターでは、**消化仕入**という形態の取引が行われてきました。消化仕入とは、商品が販売されたときに、その商品を仕入れたとする取引形態です。

　説明だけでは、わかりづらいと思いますので、以下に図示して説明します。

　百貨店では多くの商品が陳列されていますが、百貨店はすべての商品を仕入れるわけではありません。消化仕入の場合、百貨店は陳列されている商品は仕入れず、商品の所有権はメーカーに残ったままです。

① 商品の陳列

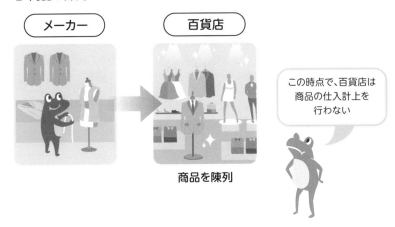

商品を陳列

この時点で、百貨店は
商品の仕入計上を
行わない

　百貨店で陳列された商品が売れたとします。この時、百貨店は初めて商品を仕入れ計上し、販売した金額で売上を計上します。

②商品の販売

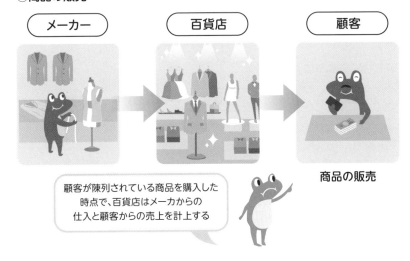

商品の販売

顧客が陳列されている商品を購入した
時点で、百貨店はメーカからの
仕入と顧客からの売上を計上する

　上記の取引形態が消化仕入です。上記の例で、メーカーから仕入れる金額が8万円、顧客に販売した金額が10万円であった場合、百貨店は仕入（売上原価）8万円、売上10万円を計上していました。

8

③従来の会計処理

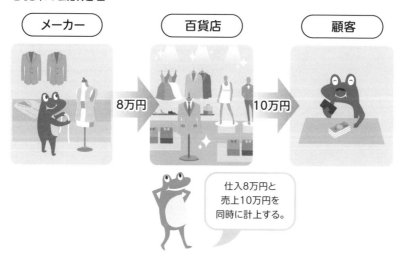

　「収益認識に関する会計基準」では、百貨店をメーカーの「代理人」であり、代理人である百貨店の売上高は販売手数料だけと考えます。上記の例で、新収益認識基準によると10万円と8万円は相殺して、売上収益2万円を計上することになります。

④新収益認識基準による処理

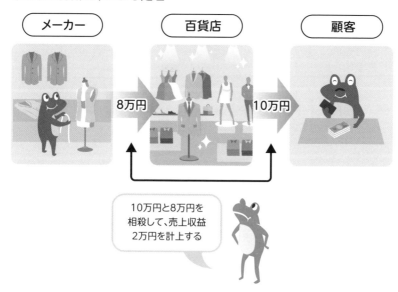

百貨店業のような特定の業種に大きな影響を与える新しい会計基準の適用は、その適用によって、何が変わるのかを知らないと、決算結果を大きく見誤る危険があります。また、新しい会計基準の適用による影響は決算書の「会計方針の変更」に記載されますので、それに目を通し影響金額を知ることで、決算の内容を正しく知ることができます。

新しい会計基準の適用で、こんなに大きく数字が変わるんだね

注記の中でも、会計方針の変更は目を通しておいた方が良い注記だよ

8

▼会計方針の変更

(会計方針の変更)

(収益認識に関する会計基準等の適用)

「収益認識に関する会計基準」(企業会計基準第29号　2020年3月31日。以下「収益認識会計基準」という。)等を当連結会計年度の期首から適用し、約束した財又はサービスの支配が顧客に移転した時点で、当該財又はサービスと交換に受け取ると見込まれる金額で収益を認識しております。収益認識会計基準等の適用による主な変更点は以下のとおりです。

(1) 代理人取引に係る収益認識

消化仕入に係る収益について、従来は、顧客から受け取る対価の総額で収益を認識しておりましたが、顧客への財又はサービスの提供における役割(本人又は代理人)を判断した結果、総額から仕入先に対する支払額を差し引いた純額で収益を認識する方法に変更しております。なお、当該収益を売上高に計上しております。

(2) 自社ポイント制度に係る収益認識

当社グループは、エムアイカードによるカスタマー・ロイヤルティ・プログラムを提供しており、会員の購入金額に応じてポイントを付与し、利用されたポイント相当の財又はサービスの提供を行っております。従来は、付与したポイントの利用に備えるため、将来利用されると見込まれる額をポイント引当金として計上し、ポイント引当金繰入額を販売費及び一般管理費として計上しておりましたが、付与したポイントを履行義務として識別し、将来の失効見込み等を考慮して算定された独立販売価格を基礎として取引価格の配分を行う方法に変更しております。

(3) 商品券に係る収益認識

当社グループが発行している自社商品券の未使用分について、従来は、一定期間経過後に収益に計上するとともに、将来の使用に備えるため、商品券回収損引当金を計上しておりましたが、顧客が権利を行使する可能性が極めて低くなった時に収益を認識する方法に変更しております。なお、当該収益は、従来の営業外収益に計上する方法から売上高に計上する方法に変更しております。

収益認識会計基準等の適用については、収益認識会計基準第84項ただし書きに定める経過的な取扱いに従っており、当連結会計年度の期首より前に新たな会計方針を遡及適用した場合の累積的影響額を、当連結会計年度の期首の利益剰余金に加減し、当期首残高から新たな会計方針を適用しております。

この結果、当連結会計年度の売上高が493,775百万円、売上原価が477,960百万円、販売費及び一般管理費が15,929百万円それぞれ減少し、営業利益が114百万円増加、経常利益及び税金等調整前当期純利益がそれぞれ155百万円増加しております。また、利益剰余金の当期首残高は12,451百万円減少しております。

1株当たり情報に与える影響は、当該箇所に記載しております。

収益認識会計基準等を適用したため、前連結会計年度の連結貸借対照表において、「流動資産」に表示していた「受取手形及び売掛金」は、当連結会計年度より「受取手形、売掛金及び契約資産」に含めて表示することといたしました。また、「流動負債」に表示していた「商品券」及び「その他」のうち、契約負債に該当するものは、「契約負債」として表示することといたしました。なお、収益認識会計基準第89-2項に定める経過的な取扱いに従って、前連結会計年度について新たな表示方法により組替えを行っておりません。また、「収益認識会計基準第89-3項に定める経過的な取扱いに従って、前連結会計年度に係る「収益認識関係」注記については記載しておりません。

(時価の算定に関する会計基準等の適用)

「時価の算定に関する会計基準」(企業会計基準第30号　2019年7月4日。以下「時価算定会計基準」という。)等を当連結会計年度の期首から適用し、時価算定会計基準第19号及び「金融商品に関する会計基準」(企業会計基準第10号　2019年7月4日)第44-2項に定める経過的な取扱いに従って、時価算定会計基準等が定める新たな会計方針を将来にわたって適用することとしております。なお、当連結会計年度に係る連結財務諸表に与える影響はありません。また、「金融商品関係」注記において、金融商品の時価のレベルごとの内訳等に関する事項等の注記を行うこととしました。ただし、「金融商品の時価等の開示に関する適用指針」(企業会計基準適用指針第19号　2019年7月4日)第7-4項に定める経過的な取扱いに従って、当該注記のうち前連結会計年度に係るものについては記載しておりません。

(出典:株式会社三越伊勢丹ホールディングス2022年3月期有価証券報告書)

「会計方針の変更」の記載によれば、「収益認識に係る会計基準」の適用により、2022年3月期は売上高が4,937億円、売上原価が4,779億円それぞれ減少したことがわかります。

　また、会社はセグメント別の影響額も記載していますので、それを読むことで「収益認識に係る会計基準」の適用がどの事業にどれだけ影響したのかを知ることができます。

ハイライト情報を読むときに、なぜ脚注から読まなければならないかが、やっとわかったよ

8

3 企業グループに変化はないか？

数字に大きな変化があった時、原因を考えるのが重要だということだね

その通り。数字に変化があるはずなのに、変化のなかった場合も重要だけれどね

企業グループの変化に留意しよう

　最後に株式会社マツキヨココカラ＆カンパニーの決算書を読んでみましょう。

　マツキヨココカラ＆カンパニーは株式会社マツモトキヨシホールディングスとココカラファイン株式会社が2021年10月に経営統合した会社です。ともにドラッグストア、保険調剤薬局のチェーン店経営の小売事業を主な事業とする会社です。

　第1 企業の概況 3.【事業の内容】を読むと株式会社マツキヨココカラ＆カンパニーは、ドラッグストア、保険調剤薬局のチェーン店経営の小売事業の他に、管理サポート事業も行っていることがわかります。

　それでは、株式会社マツキヨココカラ＆カンパニーの主要な経営指標の推移（ハイライト情報）に目を通してみましょう。

▼株式会社マツキヨココカラ＆カンパニーの連結経営指標等

第一部【企業情報】

第1【企業の概況】

1【主要な経営指標等の推移】

(1)連結経営指標等

回次		第12期	第13期	第14期	第15期	第16期
決算年月		2019年3月	2020年3月	2021年3月	2022年3月	2023年3月
売上高	(百万円)	575,991	590,593	544,737	729,969	951,247
経常利益	(百万円)	38,978	39,985	34,140	44,565	66,721
親会社株主に帰属する当期純利益	(百万円)	25,035	26,176	21,602	34,377	40,545
包括利益	(百万円)	24,709	27,169	24,350	29,583	44,798
純資産額	(百万円)	209,269	229,304	246,220	460,130	482,718
総資産額	(百万円)	318,324	351,809	368,936	652,524	688,132
1株当たり純資産額	(円)	2,038.76	2,233.54	2,398.12	3,255.22	3,460.75
1株当たり当期純利益	(円)	239.42	255.04	210.45	281.42	288.07
潜在株式調整後1株当たり当期純利益	(円)	239.33	254.94	210.36	281.33	287.98
自己資本比率	(%)	65.7	65.2	66.7	70.5	70.1
自己資本利益率	(%)	12.1	11.9	9.1	9.7	8.6
株価収益率	(倍)	15.4	15.4	23.5	15.4	24.3
営業活動によるキャッシュ・フロー	(百万円)	21,897	24,764	25,875	39,812	64,061
投資活動によるキャッシュ・フロー	(百万円)	△7,872	△48,840	△6,311	△15,485	△19,669
財務活動によるキャッシュ・フロー	(百万円)	△22,290	9,089	△9,409	△20,337	△23,734
現金及び現金同等物の期末残高	(百万円)	43,349	28,363	38,517	74,519	95,224
従業員数 [外、平均臨時雇用者数]	(人)	6,431 [8,128]	6,569 [8,097]	6,692 [7,974]	13,321 [14,575]	13,657 [14,807]

(注) 1．第15期より「収益認識に関する会計基準」（企業会計基準第29号 2020年3月31日）等を適用しており、第14期に係る主要な経営指標等については、当該会計基準等を遡って適用した後の指標等になっております。

2．1株当たり当期純利益及び潜在株式調整後1株当たり当期純利益の基礎となる期中平均株式数は、その計算において控除する自己株式に「役員報酬BIP信託口」及び「株式付与ESOP信託口」が保有する当社株式を含めております。

3．当連結会計年度より、マツモトキヨシグループ事業の商品の評価方法を売価還元法による低価法から、総平均法による原価法（貸借対照表価額については収益性の低下に基づく簿価切下げの方法）に変更しております。第15期に係る主要な経営指標については、当該会計方針の変更を遡って適用した後の指標等になっております。

(出典：株式会社マツキヨココカラ＆カンパニー2023年3月期有価証券報告書)

8

この会社はすごいなあ。コロナウイルス感染症の影響を全く受けずに業績を伸ばしているね

君は、経営統合のことを忘れているな

　株式会社マツキヨココカラ＆カンパニーの①脚注、②売上高、③親会社株主に帰属する当期純利益を見ていくと、新型コロナウイルス感染症の拡大や収益認識基準の適用にも影響を受けずに売上、利益を伸ばしているように読めます。

　④総資産額を見ると、2021年3月期は3,689億円だった総資産が6,525億円となり、80％近く増えていることに気がつきます。

　この節を最初から読まれている方はすぐにわかったと思いますが、これは2021年10月にココカラファイン株式会社を経営統合した結果として、総資産が増えたものです。

　合併・買収を含む経営統合のあった決算書を読み解く際は、どの期間の損益、キャッシュ・フローが決算書に取り込まれているのかに注意する必要があります。期中に経営統合があった場合、期末の連結貸借対照表は経営統合した2つの会社の資産・負債・純資産をすべて含んでいます。一方、連結損益計算書、連結キャッシュ・フロー計算書は経営統合が有効になる日までの統合された会社の損益、キャッシュ・フローを含んでいません。

　A社を統合会社、B社を被統合会社として期中の20XX年X年X日に経営統合した場合、A社とB社の資産・負債・純資産、損益、キャッシュ・フローが統合後の財務諸表にどう含まれるかを以下に示します。

▼経営統合と財務三表

●1. 貸借対照表

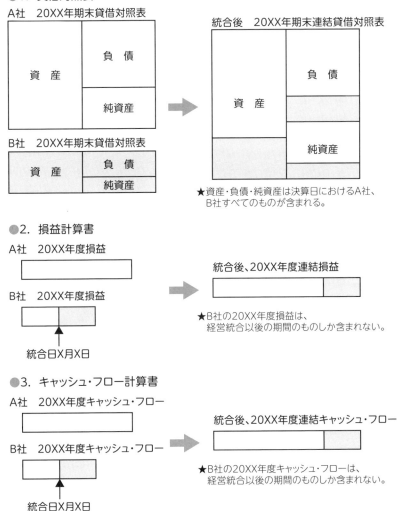

A社　20XX年期末貸借対照表

資　産 ／ 負　債 ／ 純資産

B社　20XX年期末貸借対照表

資　産 ／ 負　債 ／ 純資産

統合後　20XX年期末連結貸借対照表

資　産 ／ 負　債 ／ 純資産

★資産・負債・純資産は決算日におけるA社、
　B社すべてのものが含まれる。

●2. 損益計算書

A社　20XX年度損益

B社　20XX年度損益

統合日X月X日

統合後、20XX年度連結損益

★B社の20XX年度損益は、
　経営統合以後の期間のものしか含まれない。

●3. キャッシュ・フロー計算書

A社　20XX年度キャッシュ・フロー

B社　20XX年度キャッシュ・フロー

統合日X月X日

統合後、20XX年度連結キャッシュ・フロー

★B社の20XX年度キャッシュ・フローは、
　経営統合以後の期間のものしか含まれない。

※20XX年度にA社、B社の貸借対照表、損益計算書、キャッシュ・フロー計算書の存在を
　仮定した場合のイメージです。

8

売上高増加の原因は？

　2021年3月期と2022年3月期で売上高が5,447億円から7,299億円に、親会社株主に帰属する当期純利益が216億円から343億円に増加した原因の一つがココカラファイン株式会社との経営統合であることがわかりました。

　経営統合が売上高にどれだけ影響を与えたか、決算書を読み解いてみましょう。

　セグメント情報を見ると、株式会社マツキヨココカラ＆カンパニーは経営統合後、事業をマツモトキヨシグループ事業、ココカラファイングループ事業、管理サポート事業に3区分して、開示しています。

　ココカラファイン株式会社の子会社で管理サポート事業に区分されている会社もありますが、ココカラファイン株式会社の統合による影響金額をある程度、推計することができます。

▼株式会社マツキヨココカラ＆カンパニーの連結経営指標等

3．報告セグメントごとの売上高、利益又は損失、資産その他の項目の金額に関する情報
前連結会計年度（自　2021年4月1日　至　2022年3月31日）

（単位：百万円）

	マツモトキヨシグループ事業	ココカラファイングループ事業	管理サポート事業	合計	調整額（注）1	連結財務諸表計上額（注）2
売上高						
外部顧客への売上高	539,850	182,621	7,498	729,969	－	729,969
セグメント間の内部売上高又は振替高	211	3	455,858	456,073	△456,073	－
計	540,062	182,624	463,356	1,186,043	△456,073	729,969
セグメント利益又はセグメント損失（△）	35,854	5,312	△131	41,035	56	41,091
セグメント資産	376,510	394,597	582,698	1,353,806	△701,282	652,524
その他の項目						
減価償却費	6,578	2,543	2,079	11,201	△148	11,052
のれんの償却額	617	3,192	－	3,809		3,809
有形固定資産及び無形固定資産の増加額	6,589	2,631	2,744	11,966	△49	11,916

（注）　1．調整額は、以下のとおりであります。
　　　　（1）セグメント利益又はセグメント損失（△）の調整額56百万円には、セグメント間取引消去56百万円が含まれております。
　　　　（2）セグメント資産の調整額△701,282百万円には、投資と資本の相殺消去△351,265百万円、債権債務消去等△350,017百万円が含まれております。
　　　　（3）減価償却費の調整額△148百万円は未実現損益の調整に係るものであります。
　　　　（4）有形固定資産及び無形固定資産の増加額の調整額△49百万円はセグメント間取引消去額であります。
　　　　2．セグメント利益又はセグメント損失（△）は、連結損益計算書の営業利益と調整を行っております。

（出典：株式会社マツキヨココカラ＆カンパニー2023年3月期有価証券報告書）

セグメント情報から、ココカラファイングループ事業の外部への顧客の売上高は、1,826億円です。2021年3月期と比較した2022年3月期の売上高の増加が、1,852億円ですので、経営統合が売上高増加の大きな要因となっていることがわかります。

　このように、企業グループの構成会社に変化のあった場合は、その影響を考慮して、決算書を読むことが正確な判断に必要となります。また、経営統合が経営の効率化につながったかどうかは、第6章1節で学習した総資産利益率 (ROA) などが有効な指標になります。

決算書の読み方がずいぶんわかってきたぞ。他の会社の決算書もどんどん読んでみるよ

8

資料

経営指標の計算について ～日立製作所、ソニーグループ、三菱電機

　第7章第1節で数値のみ示した日立製作所、ソニーグループ、三菱電機の経営指標は以下のように計算しています。

日立製作所

日立製作所について見てみましょう。

▼日立製作所の連結損益計算書と連結貸借対照表の一部

②【連結損益計算書及び連結包括利益計算書】
【連結損益計算書】

(単位：百万円)

	注記番号	前連結会計年度 （自　2021年4月1日 至　2022年3月31日）		当連結会計年度 （自　2022年4月1日 至　2023年3月31日）
売上収益	20	10,264,602	①	10,881,150
売上原価		△7,705,981		△8,192,063
売上総利益		2,558,621	②	2,689,087
販売費及び一般管理費		△1,820,385		△1,940,943
その他の収益	5、21	128,354	③	302,196
その他の費用	5、15、21	△83,965		△245,016
金融収益	22	27,938		7,878
金融費用	22	△97		△20,417
持分法による投資損益	8	40,485		52,847
受取利息及び支払利息調整後税引前当期利益		850,951		845,632
受取利息		15,492		25,652
支払利息		△27,110		△51,313
税引前当期利益		839,333		819,971
法人所得税費用	12	△168,469		△116,101
当期利益		670,864		703,870
当期利益の帰属				
親会社株主持分		583,470	④	649,124
非支配持分		87,394		54,746

1 【連結財務諸表等】
（1）【連結財務諸表】
①【連結財政状態計算書】

（単位：百万円）

	注記番号	前連結会計年度（2022年3月31日）	当連結会計年度（2023年3月31日）
資産の部			
流動資産			
現金及び現金同等物	25	968,827	833,283
売上債権及び契約資産	6、20、25	2,978,149	2,874,987
棚卸資産	7	2,042,432	1,646,188
有価証券及びその他の金融資産	11、25	376,315	346,916
その他の流動資産		233,708	227,161
流動資産合計		6,599,431	5,928,535
非流動資産			
持分法で会計処理されている投資	5、8	411,201	478,620
有価証券及びその他の金融資産	11、25	584,806	496,897
有形固定資産	9	2,478,901	1,700,471
のれん	5、10	2,153,706	2,165,350
その他の無形資産	5、10	1,257,128	1,244,688
その他の非流動資産	12	402,329	486,853
非流動資産合計		7,288,071	6,572,879
資産の部合計		13,887,502	⑤ 12,501,414

（出典：日立製作所2023年3月期有価証券報告書）

$$売上高総利益率 = \frac{売上総利益}{売上高} = \frac{②\,2{,}689{,}087}{①\,10{,}881{,}150} \times 100 = 24.7\%$$

$$営業利益率 \quad = \frac{営業利益}{売上高}$$

$$= \frac{②\,2{,}689{,}087 - ③\,1{,}940{,}943}{①\,10{,}881{,}150} \times 100 = 6.9\%$$

$$純利益率 \quad = \frac{当期純利益}{売上高} = \frac{④\,649{,}124}{①\,10{,}881{,}150} \times 100 = 6.0\%$$

$$総資産利益率（ROA）（\%） = \frac{当期純利益}{総資産} \times 100$$

$$= \frac{④\,649{,}124}{⑤\,12{,}501{,}414} \times 100 = 5.2\%$$

ソニーグループ

ソニーグループについて見てみましょう。

▼ソニーグループの連結損益計算書と貸借対照表の一部

②【連結損益計算書】

区分	注記番号	2021年度 (自 2021年4月1日 至 2022年3月31日) 金額（百万円）	2022年度 (自 2022年4月1日 至 2023年3月31日) 金額（百万円）
売上高及び金融ビジネス収入			
売上高	*22	8,396,702	① 10,095,841
金融ビジネス収入	*5,13	1,524,811	1,443,996
売上高及び金融ビジネス収入合計		9,921,513	② 11,539,837
売上原価、販売費・一般管理費及びその他の一般費用			
売上原価	*7,17,23	5,845,804	③ 7,174,723
販売費及び一般管理費	*17,23	1,588,473	1,969,170
金融ビジネス費用	*5,13,17	1,374,037	1,224,208
その他の営業損（益）（純額）	*23,31	△65,494	△12,021
売上原価、販売費・一般管理費及びその他の一般費用合計		8,742,820	10,356,080
持分法による投資利益（損失）	*8	23,646	24,449
営業利益		1,202,339	④ 1,208,206
金融収益	*24	19,304	31,058
金融費用	*24	104,140	58,951
税引前利益		1,117,503	1,180,313
法人所得税	*25	229,097	236,691
当期純利益		888,406	943,622
当期純利益の帰属			
当社株主		882,178	⑤ 937,126
非支配持分		6,228	6,496

1 【連結財務諸表等】
　（1）【連結財務諸表】
　　①【連結財政状態計算書】

区分	注記番号	2021年度末 （2022年3月31日） 金額 （百万円）	2022年度末 （2023年3月31日） 金額 （百万円）
（資産の部）			
流動資産			
現金及び現金同等物	*27	2,049,636	1,480,900
金融分野における投資及び貸付（うち、譲受人が売却又は再担保差入れできる権利を有している差入担保資産 2021年度末 94,147百万円、2022年度末 85,494百万円を含む）	*5,14	360,673	328,357
営業債権、その他の債権及び契約資産	*5,22	1,628,521	1,777,939
棚卸資産	*7	874,007	1,468,042
その他の金融資産	*5	149,301	110,950
その他の流動資産	*19	473,070	610,330
流動資産合計		5,535,208	5,776,518
非流動資産			
持分法で会計処理されている投資	*8	268,513	325,220
金融分野における投資及び貸付（うち、譲受人が売却又は再担保差入れできる権利を有している差入担保資産 2021年度末 2,700,603百万円、2022年度末 2,427,446百万円を含む）	*5,14	18,445,088	18,445,728
有形固定資産	*9	1,113,213	1,344,864
使用権資産	*10	413,430	478,063
のれん	*11	952,895	1,275,112
コンテンツ資産	*11	1,342,046	1,561,882
その他の無形資産	*11	450,103	563,842
繰延保険契約費	*13	676,526	730,864
繰延税金資産	*25	298,589	384,839
その他の金融資産	*5	696,306	832,344
その他の非流動資産	*19	289,050	321,946
非流動資産合計		24,945,759	26,264,704
資産合計		30,480,967	⑥ 32,041,222

（出典：ソニーグループ2023年3月期有価証券報告書）

$$売上高総利益率 = \frac{売上総利益}{売上高} \times 100$$

$$= \frac{①10,095,841 - ③7,174,723}{①10,095,841} \times 100 = 28.9\%$$

$$営業利益率 = \frac{営業利益}{売上高} \times 100$$

$$= \frac{④1,208,206}{②11,539,837} \times 100 = 10.5\%$$

$$
純利益率 \quad = \frac{当期純利益}{売上高} \times 100
$$

$$
= \frac{⑤\,937{,}126}{②\,11{,}539{,}837}\ 100 = 8.1\%
$$

$$
総資産利益率（ROA）（\%）= \frac{当期純利益}{総資産} \times 100
$$

$$
= \frac{⑤\,937{,}126}{⑥\,32{,}041{,}222}\ 100 = 2.9\%
$$

三菱電機

三菱電機について見てみましょう。

▼三菱電機の連結損益計算書と貸借対照表の一部

② 【連結損益計算書及び連結包括利益計算書】
【連結損益計算書】

（単位：百万円）

科目	注記番号	前連結会計年度 自 2021年4月 1日 至 2022年3月31日	当連結会計年度 自 2022年4月 1日 至 2023年3月31日
売上高	22,29	4,476,758	① 5,003,694
売上原価	8,9,10,16,18	3,212,216	② 3,596,781
販売費及び一般管理費	9,10,16,18	1,013,674	1,147,981
その他の損益(△損失)	11,23,27	1,183	3,420
営業利益		252,051	③ 262,352
金融収益	24	11,910	12,302
金融費用	16,24	2,702	4,296
持分法による投資利益	12	18,434	21,821
税引前当期純利益		279,693	292,179
法人所得税費用	13	61,808	67,235
当期純利益		217,885	224,944
当期純利益の帰属			
親会社株主持分	26	203,482	④ 213,908
非支配持分		14,403	11,036

1 【連結財務諸表等】

  (1)　【連結財務諸表】

    ①　【連結財政状態計算書】

(単位：百万円)

科目	注記番号	前連結会計年度 (2022年3月31日)	当連結会計年度 (2023年3月31日)
(資産の部)			
現金及び現金同等物		727,179	645,870
売上債権	6,27,29	944,405	1,051,641
契約資産	22,27,29	287,697	295,291
その他の金融資産	7,27	62,135	60,953
棚卸資産	8	959,660	1,209,254
その他の流動資産		109,220	125,178
流動資産		3,090,296	3,388,187
持分法で会計処理されている投資	12	221,467	236,785
その他の金融資産	7,27	321,056	358,598
有形固定資産	9,11	855,746	896,313
のれん及び無形資産	10,11	161,494	190,601
繰延税金資産	13	159,915	154,441
その他の非流動資産	18	297,999	357,594
非流動資産		2,017,677	2,194,332
資産計		5,107,973	⑤ 5,582,519

(出典：三菱電機2023年3月期有価証券報告書)

$$売上高総利益率 = \frac{売上総利益}{売上高} \times 100$$

$$= \frac{①5,003,694 - ②3,596,781}{①5,003,694} \, 100 = 28.1\%$$

$$営業利益率 = \frac{営業利益}{売上高} \times 100$$

$$= \frac{③262,352}{①5,003,694} \, 100 = 5.2\%$$

$$純利益率 = \frac{当期純利益}{売上高} \times 100$$

$$= \frac{④213,908}{①5,003,694} \, 100 = 4.3\%$$

$$総資産利益率（ROA）（\%） = \frac{当期純利益}{総資産} \times 100$$

$$= \frac{④213,908}{⑤5,582,519} \quad 100 = 3.8\%$$

おわりに

　決算書は、投資家に提供される最も有用な情報です。

　決算書を読むことによって、その年度の会社の業績、財政状態、キャッシュ・フローの状況について、知ることができます。

　また、会社が直面している課題、現在行っている研究開発活動を知ることで、会社の将来をイメージすることができます。

　本書を読了された皆様は、決算書を読む基礎力を身につけ、さらに深い内容を理解されようとしていることと思います。

　投資に当たっては、単に会社のことを理解するだけではなく、将来の会社の姿を考え、将来における社会での役割を想像する必要があります。

　特に社会的な需要の変化や技術的なイノベーションは、事業の存続、生産性に大きな影響をあたえますので、社会全体の動向は常に意識する必要があります。

　皆様が、この本で身につけた知識を使って、決算書を楽しく読み、それを活かすことを期待しております。

2023年12月

公認会計士　大山　誠

索引

著者紹介

大山　誠（おおやま　まこと）

公認会計士・システム監査技術者・公認システム監査人（CISA）

東京大学経済学部経済学科卒業
公認会計士 2 次試験合格後、三興監査法人に 8 年、あずさ監査法人に 12 年勤務、現在
監査法人アヴァンティアに勤務。主に玩具メーカー、証券会社、映像制作会社、リー
ス会社等の会計監査、通信業、アミューズメント機器製造販売業、医療用医薬品、医
療機器等の卸売業等の IT 統制評価を担当。日本公認会計士協会「IT アシュアランス委
員会」委員などを務める。
著書に「即効！電子帳簿保存法対応マニュアル（秀和システム）」「即効！インボイス制
度対応マニュアル（秀和システム）」「一番わかりやすい！税効果会計の教科書（ソシム）」
「グローバル企業のビジネスモデルをつかむ英文決算書の読み方（ソシム）」。共著に「内
部統制を高める IT 統制と監査の実務 Q&A（中央経済社）」「IT 内部統制ケースブック
—最新 50 の不備対応事例で学ぶ（東洋経済新報社）」がある。

監査法人アヴァンティアについて
監査法人アヴァンティアは監査業務を中心として、成長意欲旺盛な企業の支援を行
う中堅適正規模の監査法人（業界 10 位）です。2008 年の設立以来、上場企業監査、
IPO 監査などの監査業務に加えて、IFRS アドバイザリー、財務デュー・デリジェンス
などの各種アドバイザリー業務を積極的に展開し、ひとりひとりが自由職業人として
の誇りと使命感を持って、証券市場の発展に寄与すべく邁進しています。詳しくはウェ
ブサイト（www.avantia.or.jp）をご覧ください。

執筆協力　公認会計士　奥田基樹

カバーデザイン・イラスト　mammoth.

決算書のツボとコツが
ゼッタイにわかる本

発行日	2023年12月28日	第1版第1刷

著　者　大山　誠

発行者　斉藤　和邦
発行所　株式会社　秀和システム
　　　　〒135-0016
　　　　東京都江東区東陽2-4-2　新宮ビル2F
　　　　Tel 03-6264-3105（販売）Fax 03-6264-3094
印刷所　三松堂印刷株式会社　Printed in Japan

ISBN978-4-7980-7061-2 C2034